ビッグデータの活用で
小売はもっと儲かる

AI
流通革命3.0

リテイルサイエンス社長
大久保恒夫

ビジネス社

はじめに

ビッグデータ、ＡＩで流通業に大きな変化が起きようとしている。店舗をつくり、商品を置いておけば売上が上がり、利益が出た時代はとっくに終わっている。売上が上がらないからといって、チラシを撒き、価格を下げても、売上は伸びなくなった。過去のやり方が通用しなくなっている。

お客様は、すでに物を十分に持っている。そのときに自分が本当に欲しい商品でなければ買わない。商品を買う方法が多様化し、いろいろな場所で、いろいろな買い方をしている。お客様のニーズが変化している。

既存の小売業はその変化に対応できていないので、売上が上がらなくなってきている。アマゾンなどのネットショッピングが拡大してきて、店舗売上が下がりそうな環境になってきた。

利益を確保しようと、粗利率を上げようとしても、本格的な改革ができないから少ししか粗利率は上がらないし、継続的に上げることができない。売上、粗利益が上がらない中で、人件費が上がり、営業利益が出なくなってきている。どうしたらいいのか、漠然とした不安を抱えているのが現状ではないだろうか。

小売業は、「お客様ニーズ対応業」であり、時代によってお客様のニーズは変化するから、「時代変化対応業」でもある。情報システムの進化のスピードはますます上がってきている。時代変化で、新しい流通革命が起ころうとしている。

売上、営業利益が上がらない現状の問題に対して、小手先の、表面的、短期的対応では解決できない。根本的な改革が必要である。商品開発から、生産、物流、販売までの流通構造全体が大きく変わりそうである。すべてのことが、お客様が中心になる流通構造になっていく。その中で、小売業の役割が変わってくるのだ。

商品開発はメーカーがやる仕事だとか、物流、在庫管理は卸の役割だといった考え方は通用しなくなる。チェーンストアだからと、全店一律の品揃えであったり、面倒だから曜日別、時間帯別の品揃えはできないとか、データがないから個人別の対応ができないといったようでは、時代の変化を乗り超えられない。

過去の経験や、業界の常識を否定しなくてはならない。小売業は変身する必要がある。小売業はお客様、売場のデータを持てるから、商品の開発にも関わるべきだし、生産、物流、在庫の効率化にも大きな役割を果たすようになる。

店舗はお客様の近くにあるから、物流、在庫拠点にもなるし、生鮮や惣菜の生産拠点にもなる。データを分析すれば、売場で、曜日別、時間帯別や、個人別のお客様のニーズに対応できるようになる。ビッグデータやAIが力強いサポートをしてくれるようになるだろう。

小売業は時代変化により大きなチャンスを迎えるのである。しかし、現状の小売業の変化への対応は、不十分である。大変なことになりそうだからと、逃げ腰の企業も多い。

だが、変化はチャンスである。この本を書くにあたり、多くの情報を集め、いろいろと考えてみたら、小売業にはチャンスが多いことがわかってきた。

本書では、小売業にはどんなチャンスがあるか、どう対応したらいいかを整理してみた。変化の方向をしっかり見据え、根本的、長期的な対応策が必要である。それができた小売業には、大きな飛躍のチャンスがある。時代の変化に対応し、小売業が大きく発展することを願っている。

第3章 拡大するネットショッピング市場

第4章 AI、ビッグデータで流通構造はどう変わる

第5章 ＡＩ、ビッグデータで店舗小売業はどう変わる

第6章 AI流通革命を俯瞰する

第7章 AI小売業が飛躍する、四つの変身と一つの不変

第8章 小売業が今やっておくべき10か条

※本書の数字やデータは、特に記載のない場合、２０１８年12月現在のものです。

第1章

未来の買い物はこう変わる

1-01
2025年、お客様の買い物はAIで激変する

IoTとAI、ビッグデータによる第4次産業革命の波

今、社会は第4次産業革命に直面していると言われている。

第1次産業革命は、18世紀末以降に起きた水力や蒸気機関による工場の機械化である。第2次産業革命は分業に基づいて電力を用いた大量生産、そして、第3次産業革命は1970年代初頭からの電子工学や情報技術を用いた、いっそうのオートメーション化を指す。

現在進行しつつある第4次産業革命は、IoT（モノのインターネット化）とビッグデータ、そしてAI（人工知能）の活用がメインテーマだ。気候、道路の渋滞状況、

人の流れ、電力の使用状況、個人の健康状態から店頭の商品の陳列状況、お客様の動き……など、世の中のありとあらゆる情報がビッグデータとなる。そのデータはネットワークでつながり、これらを解析することで、新たな付加価値が生まれる。

産業界でも、原材料から製造工場、物流、販売などが情報を共有し、生産から販売までの効率化を目指しているが、ＡＩの発達がこの流れに拍車をかける。コンピュータが自ら学習し、一定の判断をしていく。人間にはとてもできないようなスピードで複雑な計算をし、予測をしてくれるようになる。

第４次産業革命に直面した今、流通小売業は未曾有の大転換期を迎えている。これまでの勘と経験に基づいた営業から、データを活用し、お客様中心の営業へと転換する、またとない好機なのである。

これからはＡＩが店舗小売業の売場を大きく変化させる。未来の買い物はどのようになっているのだろうか。ここでは、架空の人物Ａ子とＢ美の買い物を通じて、２０２５年の買い物シーンを想像してみたいと思う。

A子の夕飯のショッピング〜食品スーパー〜

A子は地方都市に住む20代のビジネスウーマンだ。建設機械メーカーで営業をしている。市の中心部にある会社まで自動車で通勤していて、営業の外回りも車を使うことが多い。午後の営業周りの途中、次のクライアントの会社までの移動に少し時間があるときは、運転中に夕食のメニューを決めてしまうこともある。今日も、A子は運転しながら、車にセットされているAIアシスタント「サマンサ」に呼びかけた。

「サマンサ、今日の夕飯の買い物について相談したいんだけど……」

ナビの画面が切り替わり、女性に擬人化されたAIアシスタントのCGが立ち上がる。運転といっても半自動運転なので、ハンドルに手をかけているだけだ。自動車が勝手に運転して目的地まで連れて行ってくれる。

「こんにちはA子さん。お買い物のお手伝いですね？　承知しました。まずご家庭の調味料の在庫ですが、そろそろお醤油が切れそうではありませんか？」

ああそうだった、とA子は思い出した。サマンサには、家にある商品の購買実績から次回の購入時期を推測し、その商品の在庫が切れそうになる頃合いに、購入をすすめてくれる機能がある。お醤油のような調味料だけでなく、トイレットペーパー、歯磨き粉、コンタクトレンズなどなど、家にあって繰り返し購買する商品は、サマンサのこの機能のおかげで、ストレスなく追加注文できるようになった。

「そうだった。サマンサ、いつものお醤油、注文をお願いしていい？　夕方、お店に寄るから、そのときに受け取るわ」

「はい。ではいつものカッコーマンの丸大豆醤油1・8ℓ 298円を、××スーパーに注文しておきます」

このやりとりだけで、サマンサから××スーパーに注文が行われ、店舗に立ち寄ったときにピックアップできるのだ。

「夕食なんだけど、ちょっと胃の調子が悪いから、何かあっさりしたモノがいいな」

「わかりました、ここ1週間でA子さんが召し上がられた献立を分析してみると、カレーに天丼、焼肉……。確かに、胃に負担がかかるものが多いですね（苦笑）。お野菜も少し足りていないのではないでしょうか」

A子が何をどうやって食べたのかも、サマンサにはすべてインプットされている。

そのデータを元に、味や栄養も考慮して、最適なメニューを提案してくれる。

「確かに、少し肌が荒れているかも」

「今日の××スーパーは、お寿司がおすすめだそうです。お寿司と豚汁のセットはいかがですか？　豚汁は、豚肉にビタミンBが含まれているので、肌荒れへの効果が期待できます。それに、白菜やニンジン、ネギ、キノコなどの野菜類が、1日の必要量の2分の1ほど入ってます。これで不足気味のお野菜を補充できます」

画面には、おいしそうなお寿司と豚汁の画像が映し出される。A子は食欲がそそられるのを感じた。

「お寿司、いいわね。でも、このお寿司は赤身が多いな。私は白身や光物が好きなんだけど」

「承知しました。ではマグロを減らして、アジ、イワシの追加を依頼します。A子さん、今日は新鮮なブリも入ったそうで、こちらもおすすめだそうですよ。追加しておきましょうか？」

「お願いします」

スーパー店頭の在庫状況もリアルタイムで伝わってくるから、タイミングが合えば本当に新鮮な食材を購入できる。それもこの店の魅力だ。サマンサは続けた。

「先ほどA子さんがSNSでご覧になっていた、ショウくんのワインですが、今日××スーパーで20％オフのセール対象になっています。定価2500円が、日曜日まで2000円です」

画面に映し出される赤ワインのボトル。画面をスクロールすれば、商品レビューや口コミ情報なども表示される。ショウくんとは、A子が大好きな韓国人アーティストだ。昼休みにSNSを眺めていたら、彼が「このワイン、おいしい」と言って、写真をアップしていた。割引になっているなら買ってみよう。

「了解。じゃあ、それも買い物カゴに入れておいて」

口頭だけで注文が済むのは本当に便利だ。これがない時代は、どうやって買い物をしていたのだろう、とA子は思う。

ちょうど、あと数分でクライアントの会社に到着するところまで来ていた。

夕方、仕事を終えたA子は、会社と家の中間にある、××スーパーが入居しているショッピングセンターに立ち寄った。今日はこのスーパーで「オーガニックな暮らしと健康的な食生活」というセミナーが開催される。A子は参加を申し込んでいて、この日が来るのを楽しみにしていた。

お店の一角にあるイベントスペースには20名ほどのお客さんが集まっている。今日の講師は有機農業にたずさわる農家さんと栄養士さんだ。手軽にできる、有機野菜を使ったレシピを紹介してくれた。このスーパーでは毎日「食」に関するイベントが開催されていて、食べるのが好きなA子は、仕事帰りに立ち寄るのを楽しみにしている。ショッピングセンターにはジムも併設されており、仕事帰りに汗を流すこともある。

30分のセミナー終了後、A子はスーパーのピックアップカウンターに足を運んだ。カウンターでスマートフォンの画面を見せると、できたてのお寿司と豚汁が出てきた。お寿司は、A子が好きな白身魚や光物が追加された特別仕立てだ。入荷したばかりのブリのお寿司も皿の上に乗っている。

カウンターのそばにある、グリーンが配置された清潔なイートインスペースに席をとり、できたてのお寿司と豚汁に舌鼓を打つ。仕事が忙しい時期は、夕飯の支度も大変だ。このようにイートインで食べるのが普通になってきて、料理をする手間も、ゴミを捨てる必要も減ったので、それだけ生活に余裕が出てきた気がしている。

食事を終えて、少し店内を歩いていると、A子は果物売場でなじみの店員さんに声をかけられた。「A子さん、梨、好きじゃありませんでしたっけ？ 今日は、採れたての梨がたくさん入荷したので、お買い得ですよ」。店頭のプロモーションスペースに大量の梨が陳列されている。確かにおいしそう。A子はこの梨も買うことにした。

明日の朝食用に焼きたてのパン、レンジでチンすればすぐに食べられる野菜スープを選び、サマンサが注文してくれたワインと醬油も「受け取りカウンター」でピックアップして、A子は店を出た。会計は、店舗を出た瞬間に、クレジットカードから自動的に引き落とされる仕組みだ。

明日の朝食も楽しみだ。このお店に足を運ぶと、店員さんとコミュニケーションができるし、旬の食材や、今はやりのものに出会えるから楽しい、また来たいなとA子は思った。

B美の秋服ショッピング～アパレルショップ～

B美は40代の子育てママだ。ＩＴ企業の広報担当として、仕事に育児に、超多忙な毎日を過ごしている。ある日、ネットで今年のトレンドのジャケット特集を目にし、新しいジャケットを購入しようと思い立った。週末、子供を夫に託して、なんとか時間をやりくりしてお気に入りのアパレルストアに足を運ぶ。

今日、この店を選んだのには理由がある。ここで秋冬物のファッションショーが開かれるのだ。30分ほどの小さなイベントだが、今年の新作を一気に見ることができる。SNSでよく目にするインフルエンサー（その多くは、実際のワーキングママだ）たちが、新作のビジネスウェアを等身大に着こなすのを見て、B美は楽しんだ。何着か気に入ったものがあったので、アプリを使って、その商品を試着リストに登録。試着させてもらうことにした。

イベント終了後、店内は混雑していたが、試着できる順番がくればアプリから通知が来る。B美はゆっくり店内を見ながら、順番がくるのを待っていた。

アプリからの知らせで試着室を訪れると、アプリで登録したジャケットのB美のサイズがすでに用意されている。ネットで服を買った時期もあったが、素材やサイズは実際に手に取ってみないとわからないことが多かった。届いた商品が似合わないことも多く、やはりアパレルは実物を触って試着してみないとダメだとB美は思っている。

試着室の壁には、大きなデジタルサイネージが掲げられている。鏡の代わりである。自宅にある洋服もデータベース化されていて、手持ちの衣類とバーチャルにコーディネートできるのが、この店の売りだ。

早速、先ほどのファッションショーで目をつけた革のジャケットを羽織ってみる。サイズもちょうどいいし、革の質感も悪くない。アプリで自宅にあるパンツを選択すると、サイネージの中で、革のジャケットにそのパンツをコーディネートした自分が映る。やっぱりこのジャケット、いいな。ちょっと値が張るけれど、買っちゃおう。

試着室から出ようとすると、なじみの店員さんが「今シーズンのおすすめですよ」と言って、帽子とシャツを手渡してくれる。コーディネートしてみると、今買おうとしているジャケットと、家にあるパンツによく似合う。

サイネージに映し出された映像を、自宅に待機している夫にスマートフォンで送ってみる。「よく似合っていて、いいんじゃない？」との返事。この時期のシャツも足りなかったから、買ってしまおうか。でも、少しだけ小さい感じもするので、もうワンサイズ大きいのを試してから決めたい。店員さんに聞いてみると、ワンサイズ大きいシャツは店頭在庫がないと言う。どうしようか。でも、このシャツは欲しい……。

「では、明日、ご自宅のそばのピックアップステーションにお届けしますね」と店員さんが言ってくれた。なるほど、そういう方法もあったかと、とりあえずジャケットを購入して帰宅した。

翌日、B美は会社の帰りに、駅ビルに入っているアパレルのピックアップステーションに立ち寄った。ここは、カウンターと試着室のみのコンパクトなスペースだ。主要なターミナルの駅ビルには、こうしたスペースが設けられている。複数のブランドが契約をしていて、商品を取り寄せて試着できる。

スタッフは、昨日試したものと、もうワンサイズ大きなシャツを渡してくれた。ワンサイズ上のを試着してみると、ちょうどいい。フィット感に安心する。

もちろん、ピックアップステーションに取り寄せても、サイズが合わなければ購入しなければいいだけだ。ストアで購入した商品でも、気が変わって返品したくなれば、ここで返品もできる。B美は、「明日は新しい革のジャケットと、このシャツをコーディネートして仕事に行こう」と考えて、一人笑顔になった。自分に似合う商品を購入できて満足したB美は、足取りも軽く保育園のお迎えに向かった。

第2章

AI流通革命3.0で、何が起こるか

2-01

ＩoＴ、ＡＩ、ビッグデータで流通が激変する

ＡＩにはさまざまな種類がある

ＡＩ＝人工知能とは、人間の知的活動をソフトウェアによって再現しようとするものだ。

ＡＩが一躍注目を集めるようになったのは、「アルファ碁」の活躍によるところが大きい。アルファ碁とはグーグルが開発したＡＩ囲碁プログラムである。

２０１５年10月、アルファ碁は、人間のプロ棋士をハンディキャップなしで破った。翌16年には、数多くの世界戦優勝経験のあるプロ棋士イ・セドルに挑戦し、結果は、4勝1敗と勝ち越し、大騒ぎになった。17年5月には、世界トップのプロ棋士柯潔《かけつ》に

3局全勝している。

AIは、計算は得意だ。数手先を見抜くこともできる。しかし、碁には「大局観」と呼ばれるものがあり、これは一流のプロ棋士のみに備わるもので、その一流のプロ棋士を機械が下すのは10年先だとも言われていた。ところが、碁の文化がない欧米の生んだ機械が、あっさりと勝ってしまった。それで大騒ぎになったのである。

AIは目を見張るほどのスピードで進化している。現代社会に生きる我々は、その影響から逃れることはできない。小売業も例外ではない。AIとビッグデータによる変化の波を、間違いなく受けることになる。第1章で紹介したようなショッピングは、近い将来、現実のものとなるのだ。

ところで、一口にAIと言うが、そこにはいくつもの技術がある。第1章で紹介したような未来のショッピングには、さまざまな技術が絡んでいる。以下に一例を挙げる。

・音声認識

マイクに向かって話した内容をコンピュータに理解させること。すでにカーナビゲーションの世界では実用化されている。家庭内で人の仕事をサポートする音声認識AIとしては、アップルのシリ（Siri）や、アマゾンのアレクサ（Alexa）、グーグルのグーグルアシスタント（Google Assistant）などが有名だ。アマゾンは、アレクサを使ったスピーカー型のアシスタント端末アマゾンエコー（Amazon Echo）を、グーグルはグーグルホーム（Google Home）を開発。

これからのデバイスにとって、音声認識ＡＩは欠かすことのできない機能だ。話しかけるだけで買い物リストを作成したり、音楽再生や検索、予定管理などもできる。今後、ＩｏＴ時代には、お客様とのインターフェースの役割を担うだろう。

・画像認識

カメラで撮った画像をコンピュータに理解させる技術のこと。絵の内容を理解させる「画像理解」と、絵の明るさや色調を変える「画像処理」とに分けられる。

画像理解を使った技術として、調剤薬局で薬剤師による調剤の取り間違いを防ぐための調剤過誤防止システムや、パン屋での会計時にパンを撮影して、その画像から値段を割り出して、自動で会計するシステムなどが実用化されている。

画像理解と機械学習（後述）などを組み合わせることにより、さらにできることは広がる。たとえば、空港や駅のように複数の人が集まるところで防犯カメラの画像を確認し、挙動不審な人を自動的に発見するような仕組みや、店内に設置されたカメラで、店頭で回遊するお客の動線を撮影し、その画像からヒートマップ（数字データに色づけして、わかりやすく視覚化したもの）を作成する技術などがある。

・機械学習

人間の学習能力と同様のものを、コンピュータで実現しようとする技術・手法のこと。観測センサーなどで収集されたビッグデータから、そこに潜む一貫性のあるパターンを見つけ出す。そして、その学習結果を新たなデータにあてはめることで、将来を予測することができるようになる。

メールボックスに届くメールのうち、スパムメールを識別する「スパム検知」などがこれにあたる。

クレジットカードの不正検知なども、機械学習の好例であろう。あなたのクレジットカードが海外の何者かによって不正に利用された場合、プログラムが自動的に不正な取引であると識別する。取引を中断したり、返金をサポートしたりする。

また、ネットショッピングで、顧客の過去の購買データと、商品マスターのデータから、その顧客が次に興味を持ちそうなものを識別して表示する商品レコメンデーション機能も、機械学習の成果の一つである。

AIによる流通革命

人間の脳は非常に高い能力を持っているが、データ量が多い情報や、さまざまな要因が複雑に絡まった情報は処理しきれない。一方、ＡＩはそういったデータの処理が得意なのだ。

とはいえ、ＡＩは、なんでもかんでもデータを放り込んだら自動的に結果が返ってくるという「魔法の箱」ではない。データ分析の切り口や処理のロジックは、人間がある程度、コンピュータに指示する必要がある。「この情報とこの情報は、関連があるのではないか？」という推測は人間が考えるべきなのである。

ではその道具としてのＡＩは、小売業にどのような影響を与えるのだろうか。

・複雑なデータを処理し、将来を予測する

これまでの小売業では、品揃え、価格、陳列、販売促進、店舗開発、教育……すべてが経験と勘で決定されていた。変動する要因が多すぎて、データ量も多く、コンピュータで処理するには適さなかったのが、その理由である。

店頭の品揃え一つでも、来店客層（性別、年齢、趣味嗜好等）、気候（天候、降水量、湿度、気圧等）、商圏人口の変化、競合の出店状況、販促施策（チラシ、競合のチラシ内容等）、商品の魅力（価格、商品特性、マスメディアへの露出、ＳＮＳでの評判等）、陳列方法（店内のどこに配置されているか、カテゴリー内でどこに陳列されているか、ＰＯＰの目立ち方）などなど、複雑な要因が絡まり合っていて、コンピュータで処理することができなかった。

しかし、技術の進化により、コンピュータやＡＩを使えば、これらのデータを自動的に集約し、絡まり合ったさまざまな要因を紐解くことができるようになった。

どのような切り口でデータを分析すべきか考えるのは人間だが、ＡＩが推論を導き出し、人間が意思決定し、次の品揃えを考え、その結果のデータをＡＩに入力するこ

とで、さらに予測の精度を上げていくことができる。

・ＡＩは処理スピードが速い

これまでの小売店は、おおざっぱな品揃えしかできていなかった。１００店の店舗を持つチェーンストアでも、立地や店舗の規模に合わせた何種類かの棚割りパターンをつくり、それを立地や商圏に合わせて適応させている程度だった。

しかし、前述したように、小売店にはさまざまな変動要因がある。本来であれば、品揃えは店舗ごとに決められるべきだし、さらにいえば、曜日や時間帯ごとに変更すべきものである。

従来は複雑すぎてできなかったそのような品揃えも、ＡＩの処理スピードがあれば実現が可能になる。スーパーマーケットなら、グローサリー（生鮮食品以外の食品、調味料や缶詰といった一般食品）の棚割りは変化させる必要はなくても、惣菜や生鮮などの棚は、時間帯で刻々と変化させることができるはずだ。その他の業態でも、エンドやプロモーションの棚は、時間帯で棚割りを変化させられるようになる。

小売業での音声認識と画像認識

特に流通小売業においては、軽いAIによる回帰分析（41ページ参照）と並んで、音声認識AIと、画像認識AIが活用されることになるはずだ。

画像認識AIが分析する対象は、大きく分けると「お客様の店内行動」「売場の状況」「従業員の状況」の3つである。

「お客様の店内行動」としては、どのお客様が来店したのか、お客様が店内でどのように回遊したのか、どの商品を手に取り、どの商品をカゴに入れたのか、どの商品とどの商品を比較し、どの商品を棚に戻したのかなどが挙げられる。

「売場の状況」とは、商品が時間帯別に想定した通りに陳列されているか、どの商品が何個在庫されているか、そしてPOPの添付状況などが挙げられる。

「従業員の状況」はどの従業員が、どの作業を何時から何時まで行っているかといったことである。

これらが画像認識AIによって記録され、分析できるようになるだろう。

音声認識も、小売業がＡＩに期待するところである。今後、いくらコンピュータやスマートフォンが進化しても、手で文字を入力するのは、ある程度の手間と時間がかかる。そこで将来は音声による入力が主流になるはずだ。

たとえば、お客様がスマートフォンのアプリに対して「今日は辛い物が食べたい」と、自分のニーズを話しかける。その音声をＡＩが認識し、「では、今日は鶏の胸肉が特売なので、ダッカルビはどうですか？」などと、適切な回答をする。

あるいは店頭で、「ボディーソープはどこにありますか？」とスマートフォンに問いかけると、ＡＩが「この先をまっすぐ行った突き当りを、右に曲がったところにあります」などと音声で返事するのだ。

従業員がスマートフォンやタブレットを使って入力する際にも、音声入力が一般的になるはずだ。従業員がインカムをつけて入力作業をしていると、レジの混雑状況を読み取ったＡＩが、イヤホンから「○○さん、レジ作業をお願いします」と音声で作業指示を出す。それに対して「はい」と応じれば、それをＡＩが認識して作業記録をつける。仮に「今は手が離せません」と答えたなら、他の従業員にレジの作業指示が飛ぶ。こういった仕組みもあり得るだろう。

ＩoＴがＡＩ化にさらに拍車をかける

モノ（物）のインターネット（ＩｏＴ）化も、このＡＩの浸透に拍車をかけるはずだ。

ＩｏＴとは、さまざまな「モノ」がインターネットに接続され、それぞれが情報交換をすることにより、相互に制御する仕組みである。単につながるだけでなく、人を介さずに、モノ同士が自律的に連携するのだ。

店と本部がインターネットでつながるのはもちろんのこと、店舗内はＷｉ‐Ｆｉが張り巡らされていて、店舗のコンピュータ、タブレット、お客様のスマートフォンを結ぶ。複数の小型カメラやマイクが店頭に設置され、陳列の状況はもちろん、お客様が店内を回遊する様子や、接客の際の販売員の表情、会話の口調や内容も記録される。

これまでは、このような膨大なデータを処理することはできなかったが、コンピュータの進化やＡＩ化によって、これらのデータの因果関係が明らかになる。

たとえば店頭で、今日のセールの牛乳が品切れしていたとしよう。単に品切れといっても、そもそも商品が欠品だったのか、発注数量が足りなかったのか、あるいは作業の時間がとれず、バックルームに在庫があっても品出しできなかったなど、さまざまな理由が考えられる。

動画を取得することで、店頭での品切れがデータとして可視化され、品切れという状態が関係者に伝わり、「なぜ品切れになったのか」という課題が明らかになる。品切れにならないような発注タイミングも推定されるだろう。

どれだけ複雑だろうと、どれだけデータが多かろうと、人間が切り口を明確に与えれば、コンピュータはデータをスピーディーに処理してくれる。これまで手間がかかりすぎてできなかったことが、技術的に処理できるようになる。

小売業のビッグデータ

どんなに優れたＡＩがあっても、学習するためのデータがなければ、データ同士の関係を類推することはできない。

では小売業における「ビッグデータ」とは、いったいどのようなものなのだろうか。

まず、ビッグデータとは、市販されているデータベース管理ツールや、従来のデータ処理アプリケーションでは対処することが困難なほど、巨大で複雑なデータ集合の集積物を表す用語である。大量で、さまざまな場所から集められてくるデータであるから、それらを整理して取捨選択し、保管するのが難しい。それだけでなく、いかに共有するか、転送するか、解析するか、可視化するかなども課題になる。

大量のデータがあちこちにある流通小売業は、まさにビックデータの宝庫だと言える。しかしながら、今のところそれをまったく活用できていない。

では、流通小売業は実際にどのようなデータを持っているのだろうか？

リアル店舗におけるビッグデータ

・POSデータ、ID-POSデータ

POSデータ、ID-POSデータは、店舗小売業が持てるビッグデータの代表的なものである。POSデータは、お客様がレジを通過するときに、レジで商品バーコードをスキャンし、登録されたデータである。コンビニエンスストアでは、お客様の

年齢や性別もあわせて入力する。

ID-POSデータはポイントカードを導入している企業などが保有しているもので、お客様のIDにひもづいたPOSデータである。

POSデータ、ID-POSデータは、ともに「何時何分、どの店で、どの商品が、何個売れたか」という単純なデータの積み重ねだ。

・仕入れ・在庫データ

POSデータは売上を示すデータであるのに対し、仕入れデータは「どの商品を、いつ、どこから、何個仕入れたか」の記録である。一方の在庫データは、「どの商品が、どの店に、何個あるか」の記録である。

仕入れデータが「発注」という「業務」に応じて発生するデータであるのに対し、「在庫」は「状態」を示すデータである。

在庫データは小売業にとって重要なデータだが、精度が高く、きめ細かいデータで在庫を管理している小売業は、まだまだ少ないのが実態だ。

・売場陳列データ

多くの流通小売チェーンでは、本部が売場の陳列状況を「棚割図」という図面にして、どのような陳列にするか、各店舗に指示を出している。店舗は棚割図通りに商品を陳列する。

棚割図には、店舗の規模や立地に応じて何種類かのパターンがある。棚のどの場所に、どの商品を、何フェイス陳列するのか。細かい企業では、ゴンドラ番号や棚段番号まで付与して管理している。しかしながら、こちらも実際に管理できている企業はそう多くはない。

・販促のデータ

小売業では、値引きやポイント還元などの販売促進によって、商品の売行が大きく変わる。販促によって売上が増えたのか、利益が増えたのか、客数に影響があったのかなども検証すべきだ。そのため、商品をチラシに掲載したのか、どのくらい値段を下げたのか、ＰＯＰを店頭で添付したのかなど、販売促進に関わる記録も取得しておきたい。しかし、これも現在はほとんどデータ化されていない。

・お客様の店内での行動を記録した画像データ

一部の企業ではすでに、店内の至るところに設置されたカメラによって、お客の行動を記録している。入店した段階で性別・年代を推定し、そのお客様が店内をどう回遊したのか、どの商品の前で立ち止まったのか、どの商品を手に取り、どの商品と比較したか、実際にどの商品をカゴに入れたかなども、記録画像から分析できる。今後、こうした店内の画像データが、もっともっと活用されるようになるだろう。

・従業員の作業データ

店内のカメラでは、従業員の作業の様子も記録される。接客、レジ、品出し、検品、清掃、陳列など。誰がどの作業を行っているのか、その作業にはどれだけの時間がかかっているのか、スピードは適切か。個々人の作業の品質とスピードがデータ化され、それを元に作業効率を上げることができる。

ネットショッピングにおけるビッグデータ

次に、インターネット上の小売業・ショッピングサイトで取得できるデータを考えてみよう。ネットのショッピングでも、さまざまなデータを収集できる。

・お客様の購買行動データ

自社のショッピングサイトにやってきたお客様は、どこを経由してきたのか、どのような言葉で検索を行ったのか、どのような順番で商品検索を行ったのか。どの商品をカゴに入れ、どの商品をカゴから外したのか、割引、ポイントアップなど、どんなプロモーションに反応したのか。お客様のウェブ上での行動は、すべて記録可能だ。

・お客様のネット上の行動データ

自社サイト内のみならず、そのお客様がネット上でどのような行動をとっているかも、EC（Electronic《エレクトロニック》 Commerce《コマース》＝電子商取引）においては非常に重要な情報になる。

たとえば、どのようなサイトを定期的に訪問しているのか、どういったSNSのアカウントをフォローしているのかなど。こうした情報も、流通小売業のマーケティングに活用されている。

・電子決済データ

日本は現金決済を好む国として知られている。だが、今後、スマートフォンなどでの決済がより便利になると、現金で支払う人は減少していくだろう。将来的には、決済の記録もすべて電子化されることになる。

お客様の電子決済データを入手できれば、どのような商品を好み、どのような時間帯に、あるいはどのような日どりで購入しているかの分析もできるようになる。

これらのデータは、現在はまだ入手が難しいものもある。しかし、取得が可能になれば、自店舗の客層を理解するには大いに役立つデータとなる。これらのデータを現在取得しているかどうかが、数年後の企業力の差に直結していくと考えられる。

現状で小売業に向くのは「軽いAI」

AIの中でも大規模で高性能なもの、つまり、文章から音声、動画まで、さまざまな種類のデータ分析ができるようなものは、現在の流通小売業にはまだまだ実用的ではない。このように高性能なものは、導入や運用に大変な労力を要し、その開発コストも膨大で、システム開発に投資しづらい流通小売業には不適である。

AIを活用した自動発注システムも、費用がかかる割に頭が悪いというのが、大方の見方である。

流通小売業には、「日曜日に、晴れて、気温が何度になったら、このお弁当が何個売れますよ」という程度の、複数要素の相関関係がわかるAIで十分だ。

「ある変数が、他の変数とどのような相関関係にあるのか」を推定する統計学的手法を「回帰分析」という。さらに一つの変数を複数の変数で予測しようとするものを「重回帰分析」という。

このように「AとBとの関連性を推測する」ことをコンピュータに行わせるのが機

械学習であり、広義のＡＩと捉えることができる。そして、回帰分析は、データを積み重ね、分析を繰り返すことで精度が上がる。

小売業が店舗運営で予測したいのは、個店ごとの品揃えや、時間帯別の商品の回帰分析による売上予測、それに基づいた在庫適正型の自動発注、作業量の推定、そして人員配置などであり、さほど複雑なものではない。

ＩＤ-ＰＯＳデータも、変数ごとの相関関係を明示することができれば十分だ。たとえば現在でも、流通小売企業は新しい店舗を出店し、売上を予測する際に、商圏の人口や住民の年齢、職業などを変数として、重回帰分析を行っている。

また、アマゾンのレコメンド機能のように、「あるお客様に、どのような商品をおすすめすればよいか」というのも、小売業がＡＩに求める機能であるが、これもそのお客様のこれまでの購買履歴と、同様の商品を購入したお客様の購買履歴のデータがあれば、そこから推測できる。

つまり、現時点で流通小売業に必要なのは「重いＡＩ」ではなく、この回帰分析や重回帰分析を行えるような「軽いＡＩ」だ。

現在、個店別のＰＯＳデータを持っているところならすぐ分析に着手できるし、データ量が少なければエクセルでも計算できる。

しかし、時間帯別、個店別のPOSデータでさえ、データ量が多すぎて人間の手計算では対応が追いつかない。一方、AIは、ビッグデータを元に自動で分析してくれる。流通小売業は、「軽いAI」を導入することで、これまで無駄にしていたPOSデータなどの分析を、さらに進めることができるようになるのだ。

AIによって、小売業のデータ活用の時代がくる

小売業は、リアル店舗でも、ネットショッピングサイトでも、ビッグデータの宝庫だと言える。これまでの小売業はこのビッグデータを活用できていなかったが、AIにより分析できるようになる。

先ほども述べたように、ビッグデータを分析することで、売場の品揃えや売り方を改善し、売上や粗利益が上がるようにして、人、スペース、在庫の生産性を上げることができるようになる。

何が、いつ、何個売れるのか。どの場所でどのように売れば、売上を伸ばせるのか。

値下げや廃棄のロスは、どうすれば減らせるのか。こうしたことが、ＡＩを活用してビッグデータを分析することにより、分かるようになる。

売場で、いつ、どんな作業が発生し、それに対して、どういう人を、どう配置すればいいのか。これがわかれば従業員の生産性が上げられる。さらに商品ごとに、どのくらいのスペース配分や在庫が最適なのかがわかれば、スペース生産性や在庫生産性を上げることもできる。

これまでも、このようなことは人手と時間をかけて分析すればできたのだが、その人員も時間もないし、費用がかかる割に成果が少なく、実行できなかった。

これらすべてが今すぐに実現できるわけではないが、ビッグデータの収集が容易にできるようになって、ローコストでＡＩを使えるようになると、現実的になってくる。ビッグデータ、ＡＩで、お客様の潜在的なニーズを掘り起こし、売場で売ってみて、検証し、改善するという、需要を創造するＰＤＣＡのサイクルが回しやすくなる。

小売業がＡＩでビッグデータを分析できるようになると、小売業が流通構造全体のリーダーになることができる。販売データの分析で、お客様のニーズがより早く正確にわかるようになるから、マーケティングや商品開発がしやすくなるのだ。小売業が生産段階にまで踏み込み、製造小売業化していくのである。

情報システムが発展するスピードは速いから、そう遠くない将来、小売業でもＡＩが活用されるようになるだろう。ＡＩはツールであるから、ＡＩにやらせたほうがよいものはＡＩにやらせ、創造性や計画立案など人間が考えたほうがうまくできるものや、最終意思決定者として人間がやるべきことは、人間が行うほうがよい。ＡＩの活用で負担が減るぶん、より良い仕事ができるようになるはずだ。

これが、小売業が目指すべきビッグデータ、ＡＩの活用法である。

2-02

物流革命が「AI流通革命」を後押しする

物流の効率化

ＡＩによるビッグデータ分析が流通革命を推進していく一方で、もう一つの軸となるのは「物流の効率化」だ。２０２０年代には、ＡＩの普及により自動運転車が当然のものとなる。すでに工場の敷地内では自動運転車が走っていて、原材料を倉庫から製造ラインまで運んでいる。

自動運転が普及することで、物流にかかる人件費は大幅に下がり、物流コストそのものも半分以下になる。24時間いつでも、どこまでも、安価なコストで配達できるようになる。コストが安いから、安価な商品１個でも配送されるようになるだろう。

さらに宅配ロッカーが進化することで、お客様も、今までより荷物を受け取りやすくなる。物流コストの大きな下落は、流通小売業のビジネスの在り方そのものに、大きな影響を与えるはずだ。

自動運転の進化

もうすぐ一般に販売される自動車にも、自動運転機能が搭載されるようになる。ドライバーがアクセルやブレーキ、ハンドル操作をしなくても、車間距離を保ちながら道路を走り、カーブも曲がることができる（ただし、ドライバーは周囲を確認しながら、ハンドルに手をそえる必要がある）。

米運輸省高速道路交通安全局（ＮＨＴＳＡ）は、自動運転の基準をレベル分けしているが、前述したような自動運転はレベル2にあたる。レベル3は、基本的には人間が関与せずに自動運転ができるが、緊急時などは人間が制御を行うというもの。レベル4は、目的地を設定するだけで、完全に自動運転ができる。

アメリカのフォード・モーターは、２０２１年までにレベル4の技術を搭載した車を量産する予定だ。近い将来、自動運転車は当たり前のものとなり、むしろ人間が運転するほうが、事故の危険性が高いというようなことになるだろう。

この自動運転が実用化されるまでには、さまざまな技術革新が必要となる。ＡＩがセンサーなどで画像データを取得し、そこから車道や信号の状況、歩行者、対向車、障害物などを検知して車を制御するのは当然であるが、さらに通信規格やＧＰＳ、３Ｄ地図情報なども整備される必要がある。

通信規格に関しては、２０２０年には通信速度10Ｇｂｐｓ程度の５Ｇが普及する。現状の４Ｇ通信よりも通信データ量が格段に増え、スピードも速くなる。自動車の自動運転だけでなく、遠隔操作、遠隔管理なども可能になるだろう。

また、ＪＡＸＡと宇宙開発戦略推進事務局が進めている準天頂衛星システムによって、２０２３年度には、より精度の高い新ＧＰＳも提供される見込みだ。

自動運転車の普及には、３Ｄマップもなくてはならない。３Ｄマップとは、２次元の情報（平面情報）に、土地の標高やビルの高さといった3次元情報を加えた地図のことだ。現在グーグルがこの３Ｄ地図の作成を先導している。自動車が感知した勾配情報などと合わせて処理することで、カーナビのように一般道と高速道を混同するようなこともなくなる。

十数年後、街中を自動運転車が走る光景が見られるようになるだろう。渋滞はなくなるし、誰もが安価に移動できるようになる。

宅配ロッカーの普及

今後、予想されることとして、宅配ロッカーの普及がある。現在はマンションのような集合住宅の一部に、共有の宅配ロッカーが配置されている程度である。

しかし、近い将来、集合住宅でも各戸ごと、ポストのように宅配ロッカーがつくだろうし、一戸建てにも当然、備えつけられるようになる。冷蔵庫のように温度管理ができる宅配ロッカーも登場する。

商品を家で受け取ることが難しい場合や、家族の目につかない場所で受け取りたいといったケースも考えられる。そこで駅や市街地、商業施設内の宅配ロッカーなども普及するだろう。すでに都心部の駅には宅配ロッカーが設置されているし、一部のコンビニにも、お客様が自分で商品を受け取れる宅配ロッカーが設置されはじめている。

変わる小売業の物流

これからは技術革新により、小売業の物流も大きく変わるだろう。

ＡＩによる自動運転の普及によってまず変わるのは、工場や倉庫内の配送だ。工場内ではすでに自動運転が実用化されていることは前述した。さらに最新式の倉庫内では、ロボットが棚から商品をピックアップし、店舗ごとに商品をコンテナの中に詰め込んでいる。納品された商品を棚に入れるところから出荷まで、ほとんど人手がかからなくなった。これらの取り組みによって、製造業、小売業内部の物流コストが大幅に軽減される。

さらに、自動運転が普及すれば、店舗とお客様間の配送コストも大幅に下がる。お客様に商品をお渡しする方法は、店頭か、宅配かの２ルートが考えられるが、現在、基本的に宅配は１回数百円の配送料がかかり、それがネット販売からお客様を遠ざける原因になっている。

しかし自動運転によって配送コストが大幅に下がれば、配送料も下がるから、お客様は店舗受け取りだろうが、宅配だろうが、お好みのほうを自由に選択できるようになる。

また、メーカーと小売企業間の商品のやりとりも、「メーカーから店舗に直接納品」などが進むだろう。物流コストが下がるため、今まで以上に高頻度小ロットの配送をしても、メーカーも小売業者も懐が痛まないようになる。発注から納品までのリードタイムが短くなり、在庫切れという概念がなくなる日も、そう遠くはない。

小売業の配送拠点は、大きな物流倉庫と、お客様に近い店舗の2か所に集約されるようになる。よって、いかに良い立地の拠点を効率的に配置できるかという、配送拠点競争が企業間で起こる。300坪～1000坪程度で調理・加工機能もある、食品スーパーくらいの規模が、配送拠点としては最適だ。コンビニは配送拠点としては小規模すぎ、総合スーパーでは大きすぎる。

お客様がスマートフォンで商品を注文するとき、「○時○分に帰宅します」と伝えれば、それに合わせて無人の自動宅配車が到着し、玄関先まで商品が届くようになる。

もし、お客様が自宅にいて商品をすぐ受け取れるなら、注文してから10分以内に届くのが理想だ。時速10㎞～30㎞で自動運転車が公道を走って商品をお届けする場合、店舗から半径２km～５km程度が、適切な商圏と考えられる。

仮にお客様の不在時なら、温度帯管理ができる宅配ロッカーに食品を含む商品が届けられるようになる。

ＡＩの発達により、今よりもリアルタイムで、しかもローコストでの配送が実現できる時代になるだろう。

インスタカート、ウーバーイーツに見る個人の有効活用

現在、世界各国で、個人の労働力を有効活用し、一段と増加しつつある物流量に対応しようという取り組みが見られる。

アメリカで食料品の即日配達サービスを提供するインスタカート（Instacart）は、ウェブアプリケーションを通じて、「食料品を買ってきてもらいたい個人」と、「食品を購入してきてくれる個人」とを結びつける。お客様がオンラインで食料品を注文すると、インスタカートと契約する配達員が店舗に足を運んで商品を購入し、その足でお客様の元まで一定時間内に商品を届ける。インスタカートの商品価格は、店頭価格

に10%~20%上乗せで（一部は店頭価格と同じ）、配達料金は注文から2時間以内で3・99ドル、1時間以内なら5・99ドルである（35ドル以上購入した場合）。

ウーバーが展開するウーバーイーツ（Uber Eats）は、レストランのデリバリーを一般人が請け負うサービスである。お客がウーバーイーツに支払う配達手数料は低額で（日本の場合、距離や時間帯、混み具合によって1回あたり110円~430円）、最低注文価格の設定はない。たった一品から配達を依頼できるのはメリットだ。

お客はスマートフォンでレストランを選択し、商品を選んで注文する。すると、待機している配達員にその案件が割り振られ、何分後に、誰によってその商品が配達されるかがアプリ上に表示される。

配達員は、注文が入ると思われる地域に自転車やバイクで待機していて、注文が入ると、どの店に商品を取りに行けばいいかの指示を、スマートフォンのアプリで受ける。レストランで商品を受け取った後は、スマートフォンに表示された地図に従って、お客の元に商品を届ける。彼らには、自分の自転車やバイクを使って、いつでも好きな時間にお小遣い稼ぎができる点が魅力だ。

レストラン側からしてみると、ウーバーイーツを利用すれば、配送料金の一部を負担するだけで、固定費をかけずにデリバリー事業ができる。これは大きなメリットだ。宅配なら、座席の回転を気にせず、効率よく売上を増やせる。既存客とは異なる新しい客層にアピールできるのも大きい。

アマゾン・ジャパンは、こうした個人の配送業者を組織化し、独自で配送網を構築しようとしている。

増加する物流量に対し、どの企業も個人の力を集めて対応しようとしている。こういった個人の力を集約して、求められるサービスを提供していく手法をクラウドソーシングという。このクラウドソーシングと自動運転技術の進化によって、物流は新たな展開を迎え、流通小売業の在り方にも大きな影響を与えると考えられる。

小売業における物流の重要性

今まで小売業は、物流の重要性に対する認識が低かった。取引先に依存し、小売業の店舗にまで納品させていたから、物流を意識することがなかったのだ。

しかし物流費用は、流通経費の中で非常に大きい。物流の仕方によって経費も違い、店舗作業の効率も違い、商品の品質維持も違ってくるからお客様の満足にも影響する。

これまで物流経費は見えない部分が多かったが、ビッグデータで見えるようになるし、ＡＩで効率化も考えられるようになる。

物流の仕組みによって業績に差がつくようになる。特にネットショッピングでは、お客様の自宅への物流が、経費の面でもスピードの面でも課題となる。これからの小売業は、物流の重要性をより認識するようになるだろう。

小売業が物流に踏み込むことにより、流通構造全体が効率化できるし、お客様の満足も実現できるようになる。

ビッグデータ、AIにより、お客様中心の物流になる

お客様が商品を買う場所は店舗のみという時代は終わり、ネットからでも買えるようになった。商品を受け取る場所もさまざまになっていく。お店や自宅以外にも、コンビニや、駅や町中のロッカーでも受け取れるようになる。受け取る時間も24時間化していくであろう。

車の自動運転が現実化し、倉庫の自動化も進み、物流は大きく変わる。いつでも、どこでも、お客様が望む場所、望む時間に商品を受け取れる、お客様中心の物流の仕組みづくりが求められる。

小売業は、お客様への「ラスト1マイル」の物流、受け渡しの接点を、外部任せにするべきではない。特に鮮度が重要な食品は、つくりたての商品を自分で物流し、お渡しすることが重要な課題となる。

お客様に接する場は、小売業にとって「チャンスの場」と言える。これまでの店舗小売業はここが強みであった。接客し、お客様の声を聞き、反応を見て、お客様の要望や不満を把握できるし、接客の差異化でファンをつくることもできる。

これを外部に委託することは、小売業の強みを放棄することになる。小売業は、自分自身でお客様中心の物流の仕組みをつくり上げ、お客様と接することで、よりいっそう、お客様に満足していただける小売業になれるのである。

ＡＩとビッグデータがそれを可能にしてくれる。これが、「今が小売業にとっては大きなチャンスだ」と言う理由である。

第3章

拡大するネットショッピング市場

3-01 ネットショッピングサイトはデータの宝庫

書籍、家電が牽引するネットショッピング

近年、ネットショッピングの伸びが著しい。場所や時間を選ばずに買い物できる利便性が、お客様に受け入れられた。このジャンルは、書籍販売からはじまったアマゾンが先鞭をつけたと言える。そして、現物を見ずには買いにくいと思われていたアパレルにも広がっている。現在のネットショッピングサイトの状況を見てみよう。

・**書籍**

ネットショッピングの強みがもっとも発揮できる業態は、書籍販売業だと言える。

出版社（メーカー）がつくった商品が中心で、価格は全国共通。時間がたっても品質は劣化せず、少量多品種、小ロットで生産されている。書籍は、お客様が「自分の興味のあるものをネット検索してたどり着く」というモデルにぴったりなのである。ネットショッピングでは、たとえ販売機会の少ない商品でも、商品数と顧客数を多くしていくと全体の売上増につながる「ロングテール」という販売方法があるが、アマゾンはまさにロングテールの優等生のような業態だ。

そのため書籍販売のシェアは、アマゾンをはじめとするネット書店に喰われ、リアル書店は先細る一方だ。実店舗は売場面積に限りがあるから、品揃えにも限りがある。一方、ネット書店は「無限の品揃え」が可能だ。実際に購入した人が書いたレビューも参考になる。さらに、お客様が検索・購入した書籍に関連する書籍を表示するなどして、さらなる購買を促進することもできる。書籍販売は、ネットショッピングの強さが店舗小売業を上回った先行事例と言える。

・家電

家電は高単価のため、物流コストを負担しても、採算が合うように思われる。しかし、ナショナルブランド中心で、どの店で購入しても同じ品質の商品が提供されるため、価格・comのようなサイトで価格を比較してから購入するお客様が増え、結局は値下げ合戦になってしまった。

粗利率が低いために物流コストの負担も大きい。ヨドバシカメラは自前で物流を持ち、ローコストオペレーションを指向しつつ当日配送を行うなど、かなり積極的にネットショッピングを展開している。粗利の低い家電だけでなく、日用雑貨や食品、医薬品などの利益率の高い商品にまで品揃えを広げて、採算をとろうとしている。

急成長するアパレルのネットショッピング

アパレルは実物を見たり、試着したりして買いたい商品である。それゆえ、ネットショッピングには向かないと思われていた。しかし、ご存じのように、現実にはアパレルのネットショッピングが急成長している。

アパレルのネットショッピングモール「ゾゾタウン（ZOZOTOWN）」を運営するZOZO（旧スタートトゥデイ）は、2018年3月期決算で商品取扱高2705億円と、2000億円を突破。前年同期比27・6%という急激な伸びだ。2010年の取扱高が366億円なので、8年間で5倍以上も成長している。

リアル店舗を構えるアパレル企業でも、ネットショッピングの売上高構成比率が伸びている。アパレル企業におけるネットショッピングの売上高構成比率は、現在10%前後。毎年2桁の伸び率であり、10年後には、この比率が20%程度になると予測されている。アパレル業界の中でも重要なチャネルとなるだろう。

ただし、日本国内の人口は減少する一方だから、マーケット自体が拡大しているわけではない。ネットショッピングの売上が伸びた分、リアル店舗の売上は落ちるだろう。つまり、ネットショッピングの伸びをきちんと取り込めない企業は、今後、業績が厳しくなり、競争から脱落していくということだ。

なぜ、アパレルのネットショッピングが、これほど伸長しているのだろうか。これは、アパレルという商材の特徴に関係している。

食品や日用雑貨は商品単価が数十円、数百円だが、アパレルの中心価格帯は数千円から数万円だ。粗利益率も40%～60%と、他業態と比較して高い。だから、アパレルのネットショッピングは、物流コストが高くても、利益を出すことができる。

これまで、衣類はサイズや布の質感、縫製などの品質を確認したい商品だから、店舗購入のニーズが高いと思われてきた。しかし、昨今は「返品自由」というサービスを提供する企業が多く、実際に家で試着してみて、気に入らなければ返品できる。これも売上を後押しする要因となっている。

アパレルのネットショッピングでは半オーダーメイド化が進む

現在のアパレルネットショッピングは、リアル店舗を運営している企業が、ネットショッピングも展開しているといったケースが多い。そのため、「店舗で販売している商品を、ネットでも便利に買うことができますよ」というアピールにとどまる企業が大半である。販売計画も、シーズン前に商品を大量生産し、店舗や物流倉庫に在庫して販売。シーズン後半まで残った商品は、粗利率を下げてでもセールで売り切るという販売方法だ。

しかし、近い将来、アパレル業界では、お客様のニーズに合わせたオーダーメイド、もしくは半オーダーメイドの受注生産が増加するだろう。「こんな商品があれば購入します」というお客様の注文に応じて、1点1点商品を製造し、お届けするのだ。

手間がかかると思うかもしれないが、システム化が進むことで製造コストは下がるだろう。お客様のサイズを入力すれば、それに応じて布の裁断、縫製が自動的に行われる。工場のような製造拠点で製造されることもあるかもしれないし、機材が安価になれば、お客様の生活圏により近い店舗で製造することもあるかもしれない。

アパレルでもっとも重要なのは、お客様のサイズに合うかどうかだ。お客様の体形に合う衣類でなければ売れない。受注生産であれば、廃棄ロスや過剰在庫ロスがなくなり、在庫の効率化が進む。アパレル企業にはまた新しい地平が広がるに違いない。

ZOZOは、体型情報をスマートフォンから取得できる計測用のスーツ「ZOZOスーツ」を販売（初回無料）し、個々の体形に合った服を半オーダーメイドで製造販売しはじめた。その計測精度や仕上がった服のフィット感には、執筆時点で賛否の声が出ているようだが、セミオーダーメイドの服を安価な価格で販売するこの取り組みは、果敢な挑戦と言えるだろう。

変わるマーケティング、プロモーション

アパレルネットショッピングのマーケティングは、かなり先を進んでいる。ウェブのマーケティングのスピードが、これまでのものとまったく違うのだ。お客様がスマートフォン上で、ネットショッピングサイトをどう買い回りしたかをリアルタイムに分析して、システムが自動的に、そのお客様に効果的なプロモーションを提示する。

たとえば、「もうすぐ品切れになります」というアピールをしたり、「何人の人がこの商品を購入しています」と煽ったり、時間限定のクーポンコードを発行したり、新商品をご案内したり……。お客様もそのプロモーションに反応して、新規客だった人がリピーターになったり、買上点数がアップしたりする。ページの滞在時間、リンクのクリック、ページの遷移や、どの商品をカゴに入れたかなど、お客様のウェブ上のすべての行動について分析している。一部の先進的なアパレル企業が手掛けるネットショッピングサイトは、すでにウェブマーケティング戦争の様相を呈している。

ＡＩが顧客のウェブ上での行動を分析し、自動的に個々のお客様に合わせたマーケ

ティングの打ち手を提供することを、マーケティングオートメーションと言う。まだまだ高コストであるが、人員不足の小売業では、自動的に、効率的にマーケティングを行うことが求められるから、コストが下がっていけば、便利なツールとして使われるようになるだろう。

アパレルネットショッピングでは、これらの施策が一般的になりつつあるが、他業界のネットショッピングでは、いまだ導入が進んでいない。今後は他業界でも、このマーケティングオートメーションが普及するだろう。

では次に、アパレルのネットショッピングで得られるビッグデータを見ていこう。

・アクセス経路

お客様はどのサイトからそのネットショッピングサイトへ来たのか、あるいは個別の商品ページを訪問したのかといった「経路」だ。近年では、インスタグラムやラインなどSNSを経由した集客が増加の傾向にある。訪問元のSNSを分析することで、そのSNSに応じた広告企画やプロモーションを仕掛けることもできるだろう。「どのような検索語からページを訪れたのか」なども分析できるので、それらを参考にして、サイトの文章や写真をより検索に引っかかりやすく整えることもできる。これがSEO（検索エンジン最適化）である。

・注文率

コンバージョンレートとも言う。サイトを訪問したお客様のうち、成果に結びついた人の割合を指す。商品ページを見たお客様のうち、実際に商品を購入された方の割合、広告をクリックしたお客様のうち、実際に購入に至ったお客様の割合などである。

・リピート率

ネットショッピングに限ったことではないが、商売では新規顧客を開拓する一方で、既存のお客様に、いかにリピートしていただくかが重要である。一度商品をご購入いただいたお客様が、再度商品を購入してくださる割合をリピート率という。

・メールマガジン開封率

メールでプロモーションを行っているなら、メールマガジンがどれだけ開封されたかが、お客様訪問の基点になる。表題のつけ方でも開封率は違うし、何時にメールを送信したかでも変化する。パーソナライズされたマーケティングでは、お客様がもっともメルマガを開封しそうな時間を狙って送信することができる。新商品情報のメルマガに反応するお客様もいれば、クーポン、ポイントなどのプロモーションの訴求力が高いお客様もいる。

・ページビュー

ウェブサイト（ホームページ）の特定のページが開かれた回数を指す。たくさんのページをお客様に見ていただくことで、ネットショッピングサイトの注文率は向上する。お客様が回遊しやすいサイトをどうつくるかが課題だ。今後は、お客様一人ひとりの嗜好に合わせて、自動的にパーソナライズされた構成やページデザインで表示されるネットショッピングサイトなども登場するだろう。

・アクセス時間

お客様が、いつサイトを来訪されたか。リアル店舗と違い、ネットショッピングは

24時間営業だ。早朝や深夜、通勤時間などに購入されるお客様もいる。

また、どれぐらいの時間、ネットショッピングサイトを見ていたかもデータに残る。お客様によっては、長時間サイトを見て回り、いろいろ比較して購入したいと考える方もいれば、自分が興味のある商品だけピックアップして、短時間で買い物を終えたいと考えるお客様もいる。

今後は、そうしたお客様のサイト閲覧時間なども加味して、商品の情報量などを最適化して表示するネットショッピングサイトが登場するだろう。

・カート投入

お客様は、どの商品をカートに入れたか。いったんカートに入れた商品を、いつ、どのタイミングでカートから外したかも貴重な情報だ。

お客様が商品をカートに追加したまま、決済までは至らずにサイトから離脱してしまうことを「カゴ落ち」と言うが、そういったお客様に対して、広告を使って誘導し、サイトを再訪問してもらって、その商品の購入につなげるようなターゲティング広告（特定の顧客に最適な広告を配信するサービス）も一般的になりつつある。

3-02 アパレルの成功に続く食品スーパー

アパレルと同じ変化が、食品業界でも起こる

マーケティングオートメーションが進み、アパレルではネットショッピングの売上構成比が10％、将来的には20％以上を占めそうだ。しかし、食品小売業界のネットショッピングは大変遅れている。経済産業省の調査（２０１６年）によると、食品・飲料・酒類のネットショッピング化率は２％程度だという。

ネットが伸びない理由は、やはり食品という商材の特徴にある。単価が安く、粗利率が低いため、配送料がかかるビジネスモデルだと、なかなか利益を出しにくい。そのため、ネットスーパーや、ネットショッピングサイトを運営している企業は、どこ

も赤字にあえいでいる。

コストが高くなる一番の理由は、物流費である。食品ネットショッピングは、送料や、配達の便利さが競争になっている向きがある。お客様に負担していただく配送料だけでは足りず、ほとんどの企業が、配送料の一部を自己負担している。そこがコストになり、ひいては赤字の原因になっている。

また、特に鮮魚、精肉、青果といった生鮮品や惣菜など、店頭で加工する必要がある商品は、お客様はつくりたて、できたての商品を好まれる。ところが配送だと、どうしても製造からお客様に届くまでに時間がかかってしまう。これも、食品のネットショッピング化が進まない理由の一つだ。

だが、将来的に自動運転車が普及し、物流コストが大幅に下がれば、大きな革命が起きる。配送拠点が整備され、店舗が物流拠点、製造拠点化して、生鮮・惣菜の製造から、お客様にお届けするまでの時間が短縮されれば、さらに大きな革命が起きる。

現状では、アパレルのネットショッピングに5年程度遅れをとっている食品だが、今後は食品ネットショッピングでも革新が進み、拡大していくと予想される。

高齢者でも使いやすいサービスの提供

これまで、高齢者がネットショッピングをするには、パソコンやスマホの操作に慣れていないことがハードルとなっていた。しかし、ここで救世主が現れた。アマゾン・エコー（Amazon Echo）など、AIアシスタント機能のついたスマートスピーカー（AIスピーカー）である。

アマゾン・エコーは、アマゾンドットコムが開発したスマートスピーカーだ。エコーは音声コントロールのAIアシスタント「アレクサ」につながっていて、「アレクサ、○○して」とエコーに呼びかけると、アレクサが起動する。アレクサは会話をしたり、音楽を流したり、アラームを設定する、天気を教える、などさまざまな要望に応えてくれる。

エコー自体をホームオートメーションのハブとして使用すれば、照明や家電なども操作可能である。自宅内でエコー（アレクサ）に話しかければ、キー操作なしに、アマゾンに商品を注文することもできる。

いずれは、「アレクサ、今夜の晩御飯はどうしようか?」と尋ねれば、「昨日のメニューの栄養バランスを考えると、今日は酢豚などはいかがでしょうか?」と答え、おすすめの小売店からできたての酢豚を取り寄せたり、手づくりしたい場合には材料を調達してくれたりするようになるだろう。

自宅の居間で、スピーカーに話しかけるだけで夕食をオーダーできるようになれば、パソコンやスマートフォンを持っていない、あるいは使い慣れていない層にも、ネットショッピングは広がっていく。

アマゾンの最新型スマートスピーカー「エコー・スポット」。画面がついて、より使い勝手がアップしている。

3-03

新しいネット流通の登場

ミレニアル世代とシェアリングサービス

ミレニアル世代とは、2000年代初頭に成年期を迎えた世代を指す。幼いころからインターネットに慣れ親しみ、大学を卒業して働きはじめたころの2008年に、リーマンショックを経験した。日本では、子供のころにバブル崩壊を経験し、社会に出る直前・直後に、就職氷河期を経験した世代でもある。

この世代の一番の特徴は、モノの所有はリスクやコストであると感じている点だ。モノは共有して、必要なときに、使いたい分だけ利用すればいい。モノに対する所有意欲が低く、住宅や車のように高額なもの、冠婚葬祭で着用するドレスやバッグのような、あまり使用頻度が高くないものは購入せずにシェアでいいと考えていて、それに応えるシェアリングサービスも続々と登場している。

車や駐車場を所有しなくても、車を気軽に利用できるカーシェアは、駐車料金の高い日本の都心部では、かなり市民権を獲得している。

また自転車のシェアリングも一般的になりつつある。ニューヨークでは、「シティバイク（Citi Bike）」という自転車シェアサービスが街中の至るところにポート（貸出拠点となる駐輪場）を設けていて、少しの移動であれば、自転車を所有しなくても、シティバイクを利用すればいいという行動様式が普通になった。

中国では自転車シェアが登場し、交通事情が大きく変化した。中国の大手自転車シェアサービス「モバイク」は、街中に乗り捨てられた自転車のQRコードをスマートフォンの専用アプリで読み取るだけで自転車を借りられる。30分まで0・5元〜1元（1元は約17円）で利用できる。乗り捨ても自由だ。

乗り捨てられた自転車が違法駐輪になってしまうといった問題や、自転車の盗難などの問題もあるが、都心部で短い距離を移動するのに、シェア自転車は非常に便利だ。都会では、自転車は購入するものではなく、シェアするものになりつつある。

日本でも地方自治体が中心となり、シェア自転車導入の動きがはじまっている。たとえば、東京都では自転車シェアリングサービスが展開されており、セブン-イレブンは都内の店舗にそのポートを設置する動きを見せている。こうしたシェアリングの動きは、自動車販売業や自転車販売業に影響を与えるだろう。

新しいコンテンツビジネス

シェアリングが人気を増す中で、その立ち位置が大きく変わりつつあるのが、コンテンツビジネスである。以前は、気に入った書籍や音楽のCD、映画のDVDはパッケージを購入して手元に置くのが一般的であった。

しかし、現在、書籍は「キンドル（Kindle）」などの電子書籍を購入する人も増えたし、毎月数百円の定額制で、何十種類もの雑誌を好きなだけ閲覧できるサービスなども登場している。映画やドラマは「ネットフリックス（Netflix）」や「フールー（Hulu）」のように、所有せずに動画ストリーミングサービスで「見たいときに見る」のが普及してきている。

これは紙の本を販売する書店、CDショップ、DVD販売業、ひいてはレンタルのCDやDVDショップにとっては、ビジネスの根幹を揺るがす事態となっている。

ウーバー、エアービーアンドビー

シェアリングは、「モノを共有して、利用したいときだけ利用する」というサービスである。貸し手にとっては、「余剰資本、余剰労働力などを提供することで、収益を上げる」という意味もある。

シェアリングエコノミー（共有型経済）の代表的な企業であるウーバー（Uber）は、自動車配車サービスを世界各地で展開している。「スマートフォンのアプリを使って、一般の人が自分の空き時間と自家用車を利用して、他人を運ぶサービス」の仕組みをつくり上げた。

一般人でも、自分の余剰な時間と、使っていない車を利用して、お小遣いを稼げる。運転手はお客を評価し、お客は運転手を評価するという、相互評価を採用している。料金はあらかじめ登録してあるクレジットカードからの自動引き落としなので、車を降りるときに金銭のやりとりをする必要もない。利用者にとっては、タクシーより安価に自動車で移動できるというメリットがある。

日本では白タク行為にあたるとして、一般の人が自家用車で有償送迎することは、国から規制がかけられている。しかし、アメリカでの普及状況を見るに、今後は日本でも解禁される可能性が高い。

アメリカからスタートした民泊サービスのエアービーアンドビー（Airbnb）は、シェアリングエコノミー企業の急先鋒だ。

エアービーアンドビーは2008年に設立され、世界191か国、81万以上の都市で、500万以上の宿を提供している。ホストは空き部屋をエアービーアンドビーに登録。ゲストはアプリで、利用したい日時、地域で、空いているエアービーアンドビーの部屋を探し、ホストに利用を申し込む。双方が合意すれば予約成立だ。

ゲストは利用当日、ホストとやりとりして、部屋の鍵をなんらかの手段で受け取って、部屋を利用する。マンションの一戸をまるまる借りられることもあれば、ホストが住んでいる住居の一室を借りることもある。利用料金は、あらかじめ登録されているクレジットカードからの自動引き落としだ。ゲストにとっては、安価に宿泊できるのがメリットだし、ホストは空き部屋を使ってお小遣い稼ぎができる。

日本では、周辺住民から宿泊している外国人観光客に対してクレームが出たりと問題視されがちな民泊ではあるが、2020年の東京オリンピックに向けて、ホテルの部屋が足りなくなることは間違いない。今後、民泊はいっそう普及していくだろう。

個人間で売買するメルカリ

ミレニアル世代は購入する必要がないものはシェアし、購入するときも個人間で融通して、新品にこだわらずに中古品を入手する。新しい消費の形が次々と現れている。

この数年間で、スマートフォンの助けを借りて著しく成長したのが、個人間取引の市場だ。中古品を個人から個人へ販売することが非常に簡単になった。買い手と売り手が集まる市場と決済の仕組みができあがり、たくさんの人が利用している。これまで中古品店に持ち込んだのでは値段がつかなかったようなモノまで、売れるのである。

日本発で急成長しているのがフリマアプリの「メルカリ」だ。スピード感のある取引が人気で、急成長している。フリーマーケットアプリという名前の通り、個人が出品した中古品を、個人が購入する。参加者が非常に多く、出品価格にもよるが、登録された商品の50%は24時間以内に取引が成立するという。中古衣料から家電、自動車、雑貨、食品……ありとあらゆるモノが販売されている。

匿名でやりとりできるが、売り手と買い手を相互に評価する仕組みがあるので、それがトラブルの牽制にもなっている。商品が買い手に届くまでは決済されないなど、買い手保護の仕組みも備えている。違法性のあるモノが販売されていたり、売買の中でトラブルが起きかねないといった否定的な意見もあるが、「普通の人がモノを売って、収益を得る」ことを一般化したという意味で、メルカリは革新的な存在だ。

自分だけのカスタマイズ商品

スマートフォンの普及で、自分用にカスタマイズした商品をオーダーして購入することも一般化した。もともとパソコンの販売サイトなどでは、自分の好きなパーツを組み合わせて購入できたりしたが、それがアパレルや雑貨の世界にも広がっている。

たとえば、ナイキやアディダスのようなスポーツブランドは、自分の好きなデザイン、形を組み合わせて、オリジナルのシューズを購入できるサービスを提供している。スマートフォンのアプリを使って、Tシャツに好きな柄をデザインして、安価にオリジナルTシャツを購入できるサービスを立ち上げた大手アパレル企業もある。

リアル店舗でもお客様のオリジナル商品への関心は高く、ホームセンターの店頭では、レーザーカッターなどで、グラスや木製品に名前を入れてオリジナルグッズをつくるサービスが人気だ。他の人と同じでは飽き足りないようなこだわりのある人たちが、結婚式のアイテムやプレゼントに活用しているという。以前は加工に使う機械が高額で、名入れ加工も気軽に注文できる価格ではなかったが、機械が低価格化して、価格も下がったことが人気に結びついたようだ。

このように、多種多様な小売・流通の在り方が登場している。つくり手、売り手、使い手の関係性が常に変化し、入れ替わっている状況である。これまでは、つくり手であるメーカーが商品を製造し、売り手である小売業がそれを販売し、使い手であるお客様が購入するという、硬直した一方通行の関係であった。その関係が、AI流通革命3・0によって、今、劇的に変わろうとしている。

第4章

AI、ビッグデータで流通構造はどう変わる

4-01

流通構造の変遷を振り返る

ＡＩの登場は小売業のみならず、流通構造全体を大きく変革する。なかでも最大の変革は、これまで実現しえなかった真の「お客様中心」の流通を実現できるようになることだ。いったいどういうことなのか？　それを理解するために、まずは小売業の歴史を紐解いてみよう。

メーカー中心の流通構造の時代

戦後、１９４０年代から１９６０年ごろにかけて、日本の流通構造は「メーカー中心」だった。市場にモノが不足し、需要が供給を大きく上回っていた。そのため、当時のメーカーは絶大な力を持った。メーカーが流通をコントロールし、小売店は販売代理店のような立場に置かれていた。

メーカーは、一次特約店や二次特約店という制度を設けて組織化し、テリトリー制によって販売地域を指定し、商品価格の維持につとめた。またメーカーが小売店に対して、自社商品の卸売業者を1社に指定する「一店一帳合制《いちてんいちちょうあいせい》」も幅を利かせていた。今となっては驚くべきことだが、製造元であるメーカーが、問屋や小売店など流通段階でのマージンなどを見込んだうえで最終小売価格を決める「建値制《たてねせい》」も、当然のものとされていた。メーカーが生産したものを、メーカーの指示通りの経路で仕入れ、メーカーが定めた価格で店舗に並べることが、当時の小売業の役割だったのだ。

日本にはじめて登場したセルフサービスの小売業は、1953年（昭和28年）、東京青山に開業した紀ノ国屋だと言われている。その後、四国・九州でスタートした「主婦の店」グループが、「お客様のため」に商品の価格を下げようと格闘をはじめる。そうして日本全国にスーパーマーケットが登場。このスーパーマーケットが中心になって、1970年代にかけて小売業による価格破壊が進んだ。

スーパーマーケットの一部企業は品揃えを拡大し、総合スーパーという業態へ進化する。1960~70年代は、ダイエー、イトーヨーカドー、ジャスコなどの総合スーパーが急成長した時代でもある。72年にはダイエーが三越の年商を抜いて、小売業トップの座に躍り出た。

このように近代小売業が成長するなか、メーカーがマーケティングを行って商品を開発し、大量生産し、それをマスメディアでプロモーションし、大手小売業の大型店で安売りをして売り捌く、という流通構造ができあがった。メーカー中心の流通構造の中で、流通革命が起こった。これが第1次流通革命である。

バブル崩壊により「売り手社会」から「買い手社会」へ

当時はまだ、需要が供給を上回る「売り手社会」であり、画一的なニーズに応え、一般大衆の生活の向上に対応することが、小売業の役割であった。大量に商品をつくり、それを流通させることが重要だった。

大きな転換点は、73年と79年のオイルショックである。社会が成熟し、需要が供給を下回るようになった。さらに、91年から93年のバブル崩壊が追い打ちをかけた。

お客様は本当に欲しい商品しか買わなくなったし、ニーズが多様化し、社会に格差が生じはじめた。お客様のニーズは、すでにある程度は満たされている。そこで、消費を喚起するために、多様化したニーズに応えられるサービスが求められるようになった。これまでのように、メーカーの商品を店頭に流すだけでは、小売業は価値を生み出せなくなったのである。

小売業中心の流通構造の時代

1990年代から、売上拡大によるスケールメリットを背景にして、セブン-イレブンをはじめとするコンビニエンスストアや専門店スーパーが中心となり、流通構造をリードするようになった。POSを活用したお客様の購買行動の分析も進んだ。

小売業の役割は、メーカーの「販売代理人」から、お客様の「購買代理人」へと変わった。購買代理人とは、世の中にある膨大な商品の中から、目利きのプロである小売業が自信を持っておすすめできるものを選択し、提供するという役割である。

店頭では、お客様のニーズを把握できる。そこで小売業各社は、お客様のニーズを満たすような商品の調達先を探して仕入れた。

同時に小売業も、それまではメーカーの仕事とされてきたマーケット分析を少しずつはじめるようになった。店頭ではインストア・マーチャンダイジング(※1)が重要視され、棚割りの精度が高められ、店頭プロモーションが展開されるようになった。そして、単品管理に必要な店頭でのPDCAが行われた。

小売業が流通構造の中心になると、プライベート・ブランド開発もはじまる。小売業が商品開発に参加するようになったのだ。セブン-イレブンのように、得意分野を持つメーカー同士を組み合わせたチーム・マーチャンダイジングの取り組みも進んだ。物流も小売業主導で改革が進んだ。異なるメーカーの車両に、複数社の商品を混載する共同配送も、小売業が強力なリーダーシップを発揮して実現できた。小売業とメーカーの力関係に変化が起き、小売業が商品の開発、生産から、物流、在庫まで主導権を持つようになった。こうして、メーカー主導の流通構造から脱却していったのである。

ユニクロや無印良品のような製造小売業(SPA)も出現した。小売業を中心とした、第2次流通革命である。

※1) インストア・マーチャンダイジング(ISM):商品が売れるようにするための店内での工夫や努力。効果的な商品の品揃え、陳列、売場の演出によって、小売店の店頭で顧客の需要を喚起する活動や技法を指す。

お客様中心の流通構造の時代

しかし私は、これはまだ「小売業の都合中心」の流通構造であって、真の「お客様中心」の流通構造ではないと考える。

確かにプライベート・ブランドの商品が成熟することによって、小売業はナショナル・ブランドより2割～3割安い価格で、高品質な商品を提供できるようになった。けれど、プライベート・ブランド中心の品揃えは、お客様のニーズに合った品揃えというより、小売業が売りたい商品の品揃えであった。

また、いくら機能や包装を簡素化し、販促コストをかけないことで安価な商品を開発できたとしても、本質的には「メーカーが大量生産した商品を、不特定多数に対して販売する」商売であり、一人ひとりのお客様に向けた商品開発や、品揃え、提案、販促ができているわけではない。

お客様を中心に据えた流通構造での商品開発は、お客様に一番近い位置にいる「小売業」と、高度な生産技術を持つ「メーカー」と、物流の効率化ができる「卸」とが一体となって、お客様のニーズに合わせて商品を開発し、製造、物流、販売していかなくてはならない。

店舗の売場も大きく変わってくる。真のお客様中心の商売とは、一人ひとりのお客様の生活や行動をきちんと把握し、そのお客様のニーズに合った商品やサービスをご提案することにあると思う。そのために、まず店舗が目指すべきは、「個店別、曜日別、時間帯別」の品揃えだ。店舗ごとに、曜日ごと、時間帯ごとに異なる品揃えを実現しよう、ということである。

「データを活用できていない店舗小売業」

一般社団法人 全国スーパーマーケット協会（旧新日本スーパーマーケット協会）によると、加盟企業の標準的な店舗の平日1日の来店客数は、平均して1974・7人であるという。しかし、店舗側はその約2000名ほどのお客様が、何を求めて店まで足を運んでくださっているのかを把握していない。また、そのお客様がどのような家族構成で、どんな職業に就いていて、どれだけ収入があり、どのような嗜好を持っているのか、これらのことも、従来は分析してこなかった。分析をしていない（できない）から、個々のニーズについては気にせず、「みんなが欲しい物」の最大公約数を大量に生産し、販売していた。これが、マス・マーチャンダイジングである。

お客様が欲しいのは、ポテトサラダならきっとマヨネーズ味だろう、化粧水であれば3000円前後で、シトラスの香りだろう……。売り込む商品は経験と勘で決めて、そこには何の論理的な根拠も存在していなかった。

しかしながら、店舗はデータの宝庫である。来店されたお客様が男性か女性か、年齢は何歳ぐらいの方か、どのように店舗内を回遊して、どの商品を手に取ったか。どの商品とどの商品を比較し、どの商品を棚に戻したか。どんな接客を受けて、どんな反応を示したか。どのPOPを興味深く読んで、どの陳列は無視したか。

記録されていないが、そういう情報が店頭にはあふれている。このような情報は、これまではお客様を尾行して調査でもしなければ、分析できなかった。実際、流通小売業では、お客様の回遊調査を行ったりしていた。

しかし、手間がかかりすぎて、継続して調査をし、それをスピーディーに現場の品揃えや店舗レイアウト、あるいは商品開発などに落とし込むことは不可能だった。

AIがデータから掘り起こす隠れた需要

だが、お客様の店舗内での行動が、すべて店舗内に設置されたセンサーやカメラによって記録できるようになり、さらにAIによって適切な分析ができるとなったらどうだろう。

AIは、ビッグデータをさまざまな切り口で分析し、将来の予測を容易にする。これまでは、最大公約数向けにマヨネーズ味のポテトサラダだけをつくっていた店舗が、ビッグデータを分析することで、実は塩味や、ゆず胡椒風味のポテトサラダのニーズがあるとわかるかもしれない。同じ化粧水でも、フローラルの香りや、ココナッツの香りのものを所望される方がいるとわかるかもしれない。

夏場、雨が降った後の夕方にAさんが来店されるときは、かなりの確率で鯵の押し寿司を購入する、ということまで予測が可能になるかもしれない。

このように、お客様個人のニーズについて、だいぶ分析が進むようになる。そして、そのお客さんのニーズに合わせて品揃えをしたり、売り方を変えたりという時代になってくる。これこそが、真の「お客様中心」である。

これからの店舗は、きめ細かい品揃えと陳列ができるようになる。さらに、個々のお客様のニーズをあらかじめ予見し、需要を予測し、仕入れに反映することができるようになる。それによって欠品がなくなり、廃棄ロスも減少する。利益率は高まり、生産性も上がる。

個人のお客様に本当に対応した商品開発を、品揃えを、販促を、AIは可能にする。AIを活用することで、店舗は「本来あるべき姿」にたどり着くことができるのだ。

今後は、お客様が便利に買い物できるように、ネットでのショッピングはより拡大するだろう。後述するが、リアル店舗はネットショッピングサイトと融合していくことで、お客様により近い場所にある販売拠点、受け渡し拠点となり、店舗数は増加し、小型化し、無人化も進むだろう。

ネットショッピングサイトに対抗して、リアルの店舗では、店舗でしか実現できない「コト」の重要性が大きくなっていく（これについても後述する）。これがお客様中心の第3次流通革命、「AI流通革命3・0」である。

4-02 異なる業態の店舗が融合する

「店舗とネットが融合し、小売業が「お客様中心」に再編される」

店舗小売業がお客様中心になる過程で、業界には二つの大きな融合が起きる。一つは業態を横断した「横の融合」であり、もう一つは製配販をつなぐ「縦の融合」である。

小売業にはさまざまな業態がある。食品スーパーマーケット、コンビニエンスストア、ホームセンター、ドラッグストア、100円均一ショップ……。お客様はこれまで、自分に必要なモノを求めてさまざまな店舗を買い回りしていた。

インターネットショッピングが普及してからは、店舗だけでなく、インターネット

※2）**ポップアップ・ストア（Pop-up Store）**：期間限定でスペースを借りて出店する店舗。突然出店し（ポップアップ）、一定期間で消えることで話題づくりなどをする。

も購買チャネルの一つとなった。ＰＣだけでなく、スマートフォンからも商品が購入できる。さらに、最近では期間限定でオープンするポップアップ・ストア（※２）と呼ばれる店舗や、イベントでの販売なども人気だ。

ネットの画面を通じて、お客様は簡単に小売業間を移動し、違和感なく商品を購入していただけるようになる。ネット上では、クリック一つでどんな店舗にでも移動することができる。そこで、業態を横断する「横の融合」が進むのである。

同時に、ネットとリアル店舗も融合していく。たとえば、店舗でお客様が知った商品を、後で思い出して自宅からスマートフォン経由で購入し、自宅に配送してもらう。その反対に、インターネット経由で知った商品を、店舗で実際に確認して購入するなど、注文場所と購入場所の組み合わせは自由自在だ。

お客様は自分の好きな場所で商品を購入し、好きな方法で受け取れる。一つの企業が食品スーパーやコンビニ、百貨店など、複数の業態を展開している場合、お客様は百貨店のネットショップで注文した商品をコンビニで受け取ったり、ネットで購入した商品を食品スーパーで返品できたりなど、業態の壁を越えたやりとりを行えるようになる。これを実現するためには、小売業側が在庫データや顧客データを一元管理できていることや、組織に横串を刺せていることなど、乗り越えるべき課題も多い。

小売業界が再編されることは、異業種の品揃えにまで商品を広げるチェーンが増えていることからも見てとれる。小売業が登場した当初は、魚屋、八百屋、下着屋、玩具店など取り扱う商品の種類で分類されていた。これを業種店と呼んだ。そして、業種店は、お客様の買い物シーンに合わせて品揃えを拡大し、新しい業態を生み出した。毎日の食事の買い物のために食品スーパーのチェーンが生まれ、毎日着るものを調達する場所として、ユニクロやしまむらのような衣類の専門チェーンが生まれたのだ。

このような業態も、近年ではさらに一歩進み、お客様のあらゆる生活シーンを支える品揃えに変化しつつある。たとえば食品スーパーが医薬品を扱ったり、ドラッグストアが食品を取り扱ったり、コンビニエンスストアが日用雑貨を扱ったりといった具合だ。あらゆる小売業が、「お客様の毎日の生活の、あらゆるシーンをサポートする」というコンセプトに転換しつつある。

インターネットの登場で、店頭に商品を在庫しておかなくても、商品台帳に商品が載っていれば、どの店舗でも、どんな商品でも、販売できるようになった。今後はお客様のニーズに対応して、業態間、ネットとリアル店舗の横の融合が進むのである。

4-03

生産と販売が融合する

製配販の「縦の融合」が進み、製造小売業化する

ネットを通じて、各企業、業態の「横の融合」が進むと同時に、製配販の「縦の融合」も進む。これまでは製造業が商品をつくり、卸売業がそれを配送し、小売業が消費者に販売するという、製配販の役割分担ができていて、そのパワーバランスが問題とされていた。

製造業が力を持っていた時代は、店頭でどんな商品が好まれ、どう売れるかにかかわらず、製造業の都合で商品が店舗に卸されていた。「配荷《はいか》」という言葉があるが、これはその時代の考え方の名残で、メーカーが商品を小売に配給する、メーカー主体

の配送のイメージだ。店頭状況などに関係なくメーカーは商品を製造し、自社の販売計画の都合で店舗に押し込む。

製造業が工場ありき、製造ラインありきで商品生産の主導権を握り、製造して、川上から川下まで商品を流すというのは、お客様の都合を考えれば本末転倒だ。

しかし、近年はこうした構造を改革し、製配販までを一貫してとらえるサプライチェーンをつくり上げることが重要とされてきた。小売業は、店頭でどれだけ商品が売れているかに基づいて、今後どのように売れるかを予測し、その情報をメーカーと共有することで、部分最適ではなく、全体最適を図ろうという動きが起きている。

たとえばコンビニエンスストアであれば、店頭でどれだけ売れたかの情報が弁当メーカーにもリアルタイムで共有され、それに応じて、工場で製造するお弁当の個数が変動するといった具合だ。製配販が協業することで、無駄のない製造を実現し、サプライチェーン全体の利益率の向上を目指すのである。

しかし、そのような方法も、すでに旧態依然としたやり方になりつつある。

あるべき姿は、店頭で汲み取ったお客様のニーズを元に、小売業が主導権を握って、原材料から製造メーカー、物流方法、そして販売方法までをコントロールするといった形のはずである。

たとえば食品であれば、お客様の「今夜は何を食べたいか」という情報を小売業がいち早く入手し、店舗で商品を製造し、できたてのものを、お客様の都合が良い場所でお渡しするというのが、これからのあるべき姿だ。これが製造小売業（ＳＰＡ）と言われるものである。

これまでのサプライチェーンは、言葉こそ格好はいいが、結局は勘と経験でモノをつくって配送し、勘と経験で売る場所を探す仕組みだった。そうではなく、あくまで小売業がＳＰＡ化して、「お客様がこのようなものを欲しがっているから、つくってお届けする」と考えるのが、これからの小売業の在り方だ。

ところで、ネット販売により、製造業が小売を通さず、自社の商品を直接お客様に販売する動きも出ている。製造業も小売業へ侵食しているのだ。

すでに小売業が製造に乗り出し、製造業は小売に乗り出し、縦の融合が起きている。小売業も製造業も縦に融合し、ＳＰＡ化していくのである。

4-04 流通全体が一体化し、価値を創造する

小売業は「価値創造業」になる

今後、流通は横にも縦にも融合し、大きく変革していくと考えられる。そして、この大きな変革を生き残った店舗小売業は、「価値創造業」になると考えている。

物不足の時代には、生産者と販売者が別々に、大量生産、大量販売したほうが効率が良かったし、業態別にお客様のニーズに対応していたほうが、都合が良かった。

しかし、これからはじまる「お客様中心」の流通構造の時代には、まずお客様と接した企業が、お客様のニーズと不満を見つけ、それに合わせて、何をどこでつくり、どうやって売ったらいいかを考えて実行し、修正しながら、お客様に満足いただける

価値を創造していくことになる。

店舗はお客様との接点

店舗小売業は、お客様の生活に身近な場所に店舗を出す。その店舗は、在庫を保管する場所であり、接客や品揃えといったサービスを提供する場所であり、商品を販売する場所である。

さらに、接客を通じてお客様の行動を知り、ニーズを知ることができるから、店舗はお客様と小売業との接点でもある。この接点としての機能が、これから非常に重要になる。

店舗小売業は、店舗からさまざまなデータを入手できる。どんなに優れたAIを持っていても、学習するためのデータがなければ何の結果も出せない。学習のためのデータを得られる場所は、何にも増して価値が高い。

そして、集めたデータをAIに読み込ませて分析させ、仮説を立て、商品開発を行い、できた商品を店頭で販売して検証する。大量のデータを分析することで、お客様の新しいニーズを発掘することができる。そのニーズに基づき、今までにない、新しい業態や商品を開発する。

これまでのように、メーカーの商品を模したようなプライベートブランド（ＰＢ）商品を開発するのではなく、小売業が主体となって本格的な商品開発をすることで、小売業は付加価値をさらに高めることになる。

小売企業の中で、店舗の位置づけも変わっていくだろう。これまでは、商品部が企画製造した商品を、店舗が販売するという関係性だった。

しかし、これからは店舗と商品部が一体となって商品開発を行うことになる。店舗が集めたデータを商品部が分析し、仮説を立て、検証を行い、お客様の新しいニーズに沿った商品を開発するのだ。

小売業が店舗を持ち、商品を並べていればお客様に価値を提供できた時代は終わった。これからは小売業がお客様のニーズを把握し、生産段階にまで踏み込み、どこで何をつくり、どう物流、在庫すればいいかを考え、実行する時代になっていく。

小売業の役割、店舗の役割が変わり、お客様にとってどんな価値が創造できるのかを考え、実行しなければ、売上も利益も上がらない時代になっていくのである。

4-05

お客様中心のマーケティングになり、小売業が商品を開発する

「商品中心」から「お客様中心」のマーケティングへ

「マーケティング」という概念も、これからは大きく変化する。今後は小売業がマーケティングを行って、商品を開発するようになるのだ。

これまでは、マーケティングはメーカーの役割とされてきた。そのため、小売業がマーケティングというものに本腰を入れて向き合うことはなかった。

メーカーのマーケティング部門は、その潤沢な資金力を活かして、事前に入念なマーケティングを実施して、新商品の企画や販売戦略を立てる。市場環境の変動に関する調査はもちろんのこと、メーカーは「消費者」に対して大規模なインタビュー調査

やアンケート調査を実施して、データを分析し、どんな商品を開発し、どんなプロモーションによって販売するかを決定する。そして、大量にCMや広告を打ち、お客様に商品について認知してもらい、小売業が商品を販売するのをサポートした。

このようなメーカーによるマーケティングは、「分析的マーケティング」と言える。環境を論理的に分析し、次の打ち手を検討するものだ。

これまで小売業が販売代理業という地位に甘んじていたのは、こうしたマーケティング活動を行ってこなかったからだと考える。だが、分析的マーケティングでは、いつまでたってもお客様のことを考えた商品開発はできない。これまで分析的マーケティングがまがりなりにもうまく作用していたのは、市場が右肩上がりに成長していて、需要が旺盛で、マスマーケットがあり、変化が少なく、消費者のニーズを見つけやすいという時代背景があったからだ。

分析的マーケティングは、商品中心のマーケティングとも言い換えられる。

マーケティングの有名なフレームワークに「4P」というものがある。製品(Product《プロダクト》)、価格(Price《プライス》)、流通(Place《プレース》)、販促(Promotion《プロモーション》)という軸に沿って商品開発をしていこうというものだ。しかしながら、この考え方は「まず商品ありき」で、その商品はいくらで売ればいいのか？　どう売ればいいのか？　という課題に対して、後付けでいろいろな販売戦略を立てているにすぎない。あくまで「商品中心」のマーケティングであって、「お客様中心」ではない。

だが、昨今のように、お客様のニーズが激しく変化し、何が売れるかわからない時代には、このような分析的な手法ではうまくいかない。マーケティング調査を行い、商品を製造し、商品が店頭に並ぶころには、お客様の興味は変わってしまっている。

実際、いくら分析しても、売ってみると分析通りの結果が出ることは少なくなった。売れると自信を持って開発した商品が売れなかったり、あまり期待していなかった商品が売れたりしている。

「これからはプロセス的マーケティングの時代」

環境の変化が激しく、何が売れるかわからない現代に適したマーケティングは、まずはつくってみて、売ってみて、仮説検証を繰り返すというものだ。このほうが、移り変わるお客様のニーズに合った商品を開発できる。

この点で、お客様への販売実績データというビッグデータをすでに持っている店舗は、仮説も立てやすく、大きなイニシアティブを持っている。商品を開発し、実際に店頭で販売し、お客様の反応をさらにデータ化すれば、商品の改良を進めることも、改廃を決めることもたやすい。常にお客様が目の前にいる小売業の売場は、最高のマーケティングの場なのである。

メーカーの分析的マーケティングに対し、このようなアプローチは、「プロセス的マーケティング」と言える。これこそ、「商品中心」ではない、「お客様中心」のマーケティングである。

このような考え方は、既存のマーケティング書ではあまり言及されていない。しかし、これからは、新しいマーケティングの考え方が必要だ。

マーケティングの教科書には、まずはきちんと環境や市場を分析し、コンセプトを考え、4Pを進めていくという、分析して論理的に商品を開発する手法が説かれている。だが、こと小売業のマーケティングについては、分析よりも実行しながら修正していく、プロセス的なマーケティングが向いているのである。

メーカーが行う商品マーケティングは、自社が保有する製造技術や生産能力が前提となる。自社の得意分野や得意技術があり、「こんな商品を開発することができたが、それをどう売るか？　いくらで売るか？」といった発想だ。

商品の価格を下げるために、メーカーは製造技術を磨き、設備投資して工場を建て、大量生産を行ってきた。しかし、それゆえ、開発する商品は、既存の技術や生産ラインなど、自社の都合を優先したものになってしまう。メーカーは、どうしても「商品をつくりました、どこのチャネルに流します」という順番で考えてしまうのだ。流通は「メーカーが製造した商品を売る場」と位置づけられている。同様に、消費者は「メーカーが製造した商品を買う人」という位置づけである。製造業はその成り立ちからして、お客様のニーズよりも、つくる側の都合を優先せざるを得ないのである。

店頭での試売でより正解に近づく

お客様中心のプロセス的マーケティングは、仮説を立てて、販売することがスタートになる。店舗に陳列をすれば、売れるか売れないかがわかる。その結果を検証し、修正を加えていく。そうして、店頭での試売を繰り返すことで、だんだん正解に近づいていく。お客様にとって一番良い原材料は何か、その調達先はどこか、お客様にとって一番便利な在庫場所はどこか……など、ありとあらゆる流通の工程を、お客様のニーズに沿って、小売業が設計していくのだ。

すでにユニクロは原材料の調達先から、製造者、製造方法、在庫場所に至るまで、生産過程においてリーダーシップを持ち、このプロセス的マーケティングおよびマーチャンダイジングを実現している。

プロセス的マーケティングを行う過程で、小売業はこれまでは無縁だった商品開発にともなうリスクを背負う必要が出てくる。人材を育成し、ノウハウを蓄積する必要もある。

課題はあるが、プロセス的マーケティングを担い、製造を行い、物流を行うことによって、小売業は価値創造業に生まれ変わる。営業利益率が10%を越えることもあるだろう。単にメーカーがつくったものを仕入れて、陳列して販売するだけでは、この数値はなかなか出すことができない。

4-06

店舗がＰＤＣＡを回し、お客様のニーズに合わせていく

ＡＩを活用してＰＤＣＡサイクルを回す

ＡＩの普及により、仕事の中でよく使われる「ＰＤＣＡ」の精度とスピードが上がる。これはプロセス的マーケティングを後押ししてくれる。小売業は売場という現場でＰＤＣＡを回すことができる。お客様中心のプロセス的マーケティングによって、売場をお客様のニーズに合ったものに変えていけるのだ。

ＰＤＣＡは、事業活動における商品管理や販売管理などの管理業務を円滑に進める手法の一つで、「Plan《プラン》」、「Do《ドゥ》」、「Check《チェック》」、「Action《アクション》」の四つの頭文字をつないだものだ。

Planは「計画」で、これまでの実績や将来の予測などを元に業務計画を作成するこ

とだ。Do（実行）は計画に沿って業務を行うこと。Check（評価）は業務の実施が計画に沿っているかどうか評価すること。Actionは行動で、計画に沿っていない部分を調べて改善することを指す。

この4段階を順次行って1周したら、最後のAを次のPDCAのPにつなげる。こうして、螺旋を描くように1周ごとに各段階のレベルを向上させて、継続的に業務を改善していくのだ。この「PDCA」はマネジメントのモデルとして、多くの企業が長く取り入れてきた。

小売業でもPDCAが重要であるとして取り組んではいるが、まだまだ不十分である。小売業の場合、商品単価が安いので、あまり手間をかけると、経費の割に成果が小さくなってしまう。データ量が膨大であれば、結果検証に時間がかかる。しかし、AIを活用して膨大なデータから結果を検証できれば、PDCAが回しやすくなる。

結果分析のロジックをAIに教えて自動分析させ、基準値を決めて、その値を超える、あるいは下回るような場合にアラートを発信するように設定すれば、結果検証が素早くでき、次の行動がとりやすくなる。人間が意思を持って売場計画を立てて実行し、実行結果のデータをAIが分析し、その分析結果から人間が判断し、次の修正行動について意思決定する。

このようにPDCAが回しやすくなると、お客様のニーズに合った売場がつくりやすくなる。仮説として、「この商品を、こう売ったら、売れるかもしれない」と思ったら、売ってみる。売ってみれば結果がわかるから、それを検証し、売れたらニーズがあったということであるから、もっと売り込む。売れなかった場合は、ニーズがなかったということだから、違う打ち手に変えていく。これを繰り返せば、売場がお客様のニーズに合っていく。

変わる商品部の役割

今までの小売業は、商品部主導であることが多かった。多くの店舗を持つチェーンストアは、商品の仕入れなどを考えて実行する機能を本部に集中させ、効率化を図ってきた。「商品部が仕入れた商品」を販売するのが、「店舗」という位置づけであった。これは、つまり、商品主体の考え方である。

これからの流通構造は「お客様中心」になるから、これが変化することになる。店舗は個店別にお客様のニーズが違う。商圏、立地が違うし、競争相手も違う。お客様のニーズに合った売場を個店別につくるのは、もはや商品部主導では無理がある。

商品部の仕入れ機能は残したまま、商品部が商品の情報を十分に流し、各店舗がその情報を読み込んで、自店のお客様のニーズに合わせた売場をつくっていかなければならない。

自店のお客様のニーズについて仮説を立て、売ってみて、その結果を検証し、修正するというＰＤＣＡのサイクルを回すことで、お客様のニーズに合った売場にしていく。個店別に、曜日別や時間帯別にＰＤＣＡを回せば、きめ細かな仮説、検証ができるようになる。小売業の現場で、できるだけ多くの人がＰＤＣＡを回せるようになれば、お客様のニーズに寄り添った売場づくりができるようになる。

ＰＤＣＡを回すには、まず仮説を立てることが求められる。ＡＩはこれまでの情報を分析して次を予測するのは得意であるが、分析した結果から仮説を立てるのは得意ではない。分析した結果から、売り方、売場づくりの新しいアイデアを出し、新しい商品を創造するのは、どんなにＡＩが進化しても、人間の仕事であり続ける。

第5章

AI、ビッグデータで店舗小売業はどう変わる

店舗小売業の問題点

5-01

インターネット販売の構成比は30％以上に

経済産業省が発表した２０１４年の商業統計によると、無店舗販売の売上は６・22兆円である。小売業計の売上１２２・２兆円から、自動車、燃料売上を除いた売上は94・３兆円。それに対する無店舗販売の売上構成比は６・６％だ。

インターネット販売を中心とした無店舗販売が、今後さらに伸びる。２０２５年ごろから社会環境が大きく変化して、無店舗販売の売上は加速度的に伸長するだろう。たとえば今後20年間、無店舗販売が年率８％の勢いで拡大すると、20年後の２０３４年には、無店舗販売の売上高が29・０兆円になる。小売業全体の売上高が変化しないと考えると、全体に占める売上高構成比は30・7%になる。

2014年の総合スーパーの売上高は6・0兆円、コンビニエンスストアは6・5兆円だ。無店舗販売の売上高の29・0兆円は、その4倍以上。現在の総合スーパーやコンビニエンスストアの4倍以上のインパクトを、無店舗販売は社会におよぼすのである。

小売業の歴史を紐解けば、1970年代は総合スーパーが躍進し、80年代はコンビニエンスストアが伸長。約半世紀をかけて流通構造は変化してきた。これから20年で、その何倍もの変化が起きようとしている。まさに流通革命である。

お客様の購買行動の大きな変化

今後20年で無店舗販売の売上高が6・22兆円から29・0兆円まで拡大するとなると、差し引き約23兆円の増加である。日本の小売業全体の売上高は拡大しないと予想されるので、この増加分だけ、店舗小売業のどこかが喰われるということだ。

総合スーパーや百貨店のように、総合的な品揃えの小売業は、専門小売業に喰われてシェアを落としてきた。これからは無店舗販売に喰われて、さらにシェアを落とさざるを得なくなるだろう。食品スーパーやコンビニエンスストア、ドラッグストアなどの専門小売業は、今後、無店舗販売との競争にさらされることになる。

しかしながら、店舗小売業関係者は特に手を打っておらず、危機意識が低すぎると言わざるを得ない。

ＡＩ、ＩｏＴ、ロボットなどの進歩が話題になり、想像を絶するスピードで環境が変化している。お客様の購買行動も、今までの常識の延長線上では考えられないようなものになることは確実だ。

小売業は、これまでもお客様の購買行動の変化に、日々努力で対応してきた。その努力は立派なものであると思う。しかし、これからの変化は、日々の努力で対応できるレベルのものではない。今までの常識や経験は通用しなくなる。小売業界はこの変化に対して危機意識を持ち、抜本的、構造的に対応していかなければならない。

まだそれほど影響を受けていないと考える人もいるかもしれないが、これからは加速度的に影響が大きくなっていくだろう。そのときではもう遅い。

「目先の利益が出ないものには、投資できない」と判断する企業もある。しかし、今、店舗小売業が直面している危機に対応できなければ、企業の存続も危ぶまれる。長期的な視点から変化対応の手を打たないと、じり貧になることは目に見えている。

小売業は変化対応業だ。「企業規模が大きいから」とか、「今現在、利益が出ているから」などというのはまったく理由にならない。20年で環境は大きく変わる。そして、20年はあっという間だ。環境の変化に対応できた企業だけが、生き残れるのだ。

そう簡単に成果が出ないことに、尻込みする企業も多いかもしれない。だが、簡単ではないからこそ、大きな差がつくのである。

店舗小売業の問題点①：品揃えや在庫量と、需要のミスマッチ

現在、小売業の中心は店舗小売業である。今のところ、小売業の売上の大半は、リアル店舗で上がっている。

しかし、店舗小売業は、根本的な問題をいくつか抱えている。まず、商品の品揃えと在庫が、お客様の需要とミスマッチを起こしていることがある。これは大きな問題だ。

店舗でどういった商品を販売するかの「品揃え」は、買い物をするお客様を予測して決めている。しかしこれは、特定のお客様の、確定した要望に合わせたものではなく、不特定のお客様の、不確実な要望を予測して決めている。それが本当にお客様のニーズに合っているかは誰にもわからない。担当者の勘や経験で決められていると言っても過言ではない。

売場に陳列される商品の在庫数量も、「この先、どれだけ売れるか」という確定した数量に合わせているわけではない。結局、実際のニーズに合わないことも多く発生する。さほど要望がない商品を多く在庫すると余ってしまい、返品や廃棄ロスの原因になる。

その反対に、「購入したい」というお客様が多くて、商品が少なければ品切れになる。

一方、ネット小売業であれば、特定のお客様からの注文に対して販売することになる。極端なことを言えば、注文があってから商品を確保しても、問題はない。

また、店頭の陳列スペースを考える必要もないため、膨大な種類の品揃えが可能だ。その豊富な品揃えの中から、お客様は自分の要望に合った商品を選択していく。お客様の必要とする数量が確定してから販売するので、在庫数量の適正化もしやすく、品切れやロスも少なくなる。

膨大な品揃えを実現するのは容易なことではないが、アマゾンやヤフー！ショッピング、楽天市場をはじめとするマーケットプレイスは、出店者の力を利用して、リアル店舗では不可能な品揃えを実現してきた。

自分の欲しい商品を、膨大な品揃えの中から探すのは容易ではない。ネット通販では品揃えが多すぎて、欲しいものを選ぶのに時間がかかるので不便だという意見も多かった。

それがＡＩの登場により、自分の欲しい商品を見つけやすくなってきている。すでにネット小売業では、お客様がある商品を購入すれば、特に要望しなくても一緒に買いそうな商品を、ＡＩがリストアップして広告で推奨してくる。

今後はＡＩの高度化やビッグデータの充実により、膨大な品揃えでも、より選びやすくなっていくだろう。

店舗小売業の問題点②：来店コストと持ち帰りコスト

店舗小売業は、お客様に来店いただくことで成立している業態だ。しかし、ここに、その存在意義を覆すような大きな問題がある。

そもそも高齢のお客様や、小さな子供がいる母親は外出がしにくいし、遠方にも出かけにくい。昨今は女性の就業率も増加しており、日中の昼間に夕食の買い出しに行くような買い物行動もとりにくくなってきた。これからも高齢者や女性就業者は増えていくと考えられるが、店舗小売業はこれに対応しにくいのである。

一方、ネット通販であれば、家にいながら好きな時間に買い物ができる。スマートフォンであれば、外出中でも、電車に乗っていても、いつでもどこでも買い物ができる。これはものすごく便利だ。

買ったものは持ち帰らなければならない点も、店舗小売業の抱える問題だ。大きな商品や重い商品は持ち帰りにくい。特に高齢者や女性にとっては大きな負担である。

アイスクリームのような冷凍食品、刺身のような要冷蔵食品など、温度管理が必要な商品の持ち帰りも大変だ。ネットショッピングであれば、温度帯管理をしたうえで自宅まで届けてくれる。配送時間の指定もできる。費用さえかからなければ、配送してもらいたいと思うのが当然である。

店舗小売業の問題点③：所有することへの意識の変化

店舗小売業は店舗で商品を販売し、お客様は購入した商品を「所有」する。ここに大きな意識の変化が起こりつつある。

モノが不足している時代は、「モノを購入したい」「モノを所有したい」という欲求が強かった。しかし現在はモノ余りで、購買欲求も所有欲求も強くない。家はモノであふれている。特に若い人になればなるほど、所有欲求が弱くなってきている。

所有したとしても、使用頻度が低いもの、たとえば車や、冠婚葬祭でしか身に着けないような衣類、高額な装飾品などは、個人が所有するという観念は薄らいでいく。

ＩＴの進歩によって、借りる手間や返す手間がかからず、費用もたいしてかからないのであれば、シェアリングが拡大して、その分、店舗小売業の売上は減少していくであろう。

店舗小売業がネット小売業に勝つために

このように見てくると、店舗小売業が抱える問題は多い。これまで店舗小売業の売上が伸び続けていたのは、たまたま他の小売形態よりマシだっただけではないかと思えてくる。店舗小売業がベストとは限らないし、理想形ではないのだ。

ＩＴの革新によって、ネットショッピングサイトを利用するお客様が増えている。今後、店舗小売業の売上は確実に減少していく。

もちろん、店舗小売業にも、ネットに負けない良さはある。店舗では実際に商品を見て、触って、感じて、確認することができる。その場で持ち帰ることができるし、場合によっては食べることもできる。店舗小売業の良さと、ネット小売業の良さを融合させていけば、もっとお客様の要望にお応えすることができる。それが、これからの店舗小売業の重要な課題になる。

店舗小売業もＩＴを正しく活用すれば、効率化を進め、お客様の要望にお応えし、売上と利益を上げていくことができる。これまでは勘と経験、職人芸に頼っていたものを、ＩＴを使ってより正しい判断ができるようにしていけば、売場が良くなり、生産性が上がる。これは人間の仕事をＡＩやロボットに置き換えるといった単純な話ではない。

しかし、これに対する店舗小売業の危機意識は低すぎる。小売業はまたいつものように、どこかの企業の成功を真似ればいいと思っているのでないか。今回の変化は、それでは対応できないほど大きな環境変化である。万が一、この環境変化に対応できなければ、店舗小売業は確実に衰退する。その反対に、今から危機意識を持って、この環境変化に組織を上げて対応できれば、店舗小売業も成長できる。

小売業は人間産業である。人が人を喜ばすのが小売業だ。これは、ネット社会になっても変化しない。

人間にしかできないことが、確実にある。にぎやかさや、ふれ合いは店舗でなければ演出できない。ネット小売業の魅力がどんなに伸長しても、お客様が来たくなるような店舗を創造できれば、店舗小売業は勝てる。それには、店舗でしかできない、人間がやるべき楽しさや感動を演出することである。

店舗の立地、外観、内装や売場での陳列什器や展示での演出、実演販売や製造作業の演出によるライブ感、イベントなど、店舗でなければ実現できない楽しさや感動といったエンターテインメント性がある。接客でのふれ合いや、会話をする喜びがある。陳列、商品パッケージのこだわりも、店舗でなければ活かされない。容易ではないが、挑戦する価値はある。

地域社会、コミュニティーへの貢献も、店舗小売業の大切な機能である。地域社会に密着した多くの店舗小売業が、ネットショッピングに負けることなく生き残って欲しいと期待している。

5-02 店舗は認知の場

ＡＩの活用で、お客様の行動からニーズが読み取れる

ＡＩを活用すれば、お客様のインターネット上での行動や、店内での行動をデータ化し、実際に購入した商品情報を紐づけることによって、そのお客様の将来の購買動向を予測できるようになる。お客様が購入した商品について、いつ買い足しをおすすめするかといったことまで計算できるようになる。

小売業では以前から「仮説」と「検証」の重要性が説かれてきた。にもかかわらず、これまでの「仮説」は、まったくの勘に頼ったものだった。従来のリアル店舗は、店頭にあふれる情報を処理しきれずにいた。本部で商品部のメンバーが、エクセルと何

時間も格闘してPOSデータをまとめても、労力に見合う結果は出せなかった。一応、商圏調査を行っても、新店を開店するときに陳列する商品は、経験と勘で商品リストから選択していた。

「今日は天気が良くて気温が高いから、みんな日持ちする梅干のおにぎりを買うだろう」と仮説を立て、梅干のおにぎりを多めに発注するのがセブン-イレブンの強さである。しかしこれは、仮説を立てる人の想像力に依存したものであり、再現性はない。

だが、今後、ビッグデータをAIで分析できるようになって、「気温が○度以上になった場合の例年のおにぎりの売上を見ると、梅干が○%売れている。それも行楽地へ向かう街道沿いの店舗で、午前中に売れる」ということがわかれば、「明日の午前中、梅干のおにぎりを売り込めば、2倍の売り上げを上げられるのではないか」といった仮説が、ロジカルに立てられるようになる。

AIで店舗状況を分析すれば適正な発注ができる

記録したお客様の行動をAIで分析できるようになるのと同時に、店内の商品の状況も捕捉できるようになる。

店内の至るところに設置されたカメラがインターネットにつながっていて、情報を収集する。映像はＡＩで分析されて、どのメーカーのどの商品が、何時に何個、何フェイスで店頭に陳列されているかまで把握できるようになるのではないだろうか。

売場の在庫管理も、棚前にカメラを設置して画像認識することで、何時にどれだけの商品が動いて、いつ品薄になったかがデータ上でわかるようになる。つまり、時間帯別に、何時に何個、何がなくなるかを認識し、予測し、その分を適切に在庫できるようになるだろう。

さまざまなＩｏＴデバイスによるデータ取得と、ＡＩによる分析で、①お客様の行動が分析できるようになり、②店頭（商品・従業員）の状況が可視化される。

このようなデータの基盤が整うことで、真の意味でお客様のニーズを把握し、対応することができるようになる。また重要なのは、実際につくった品揃え、売場を、お客様に見ていただいて、販売実績データを取ることで、その結果を検証できることだ。

ＡＩを用いた仮説・検証を繰り返すことで、さらに予測の精度は向上していくことだろう。

可視化できるようになる店頭の要素

・商品の陳列の状況

何が、どこに陳列されているか。そのフェイス数、在庫数。

・POPの状況

どんなPOPが、どこに添付されているか。

・お客様の状況

何名のお客様が来店しているか。
レジに何名のお客様が並んでいるか。

・バックルームの在庫の状況

どの商品が、どれだけあるか。

・従業員の状況

何名の従業員が働いているか。
作業の状況（どの作業を、どれだけのスピードで進めているか）。
接客の状況（どんなお客様に、どのような対応をしているか）。
レジ応対の状況（どれだけのスピードで進めているか）。

アマゾン・ゴーの店舗での認知

２０１８年1月、米アマゾン・ドット・コムがリアル店舗の新業態「アマゾン・ゴー（Amazon GO）」をオープンした。店内には多数のカメラ、マイク、センサーが設置されていて、誰が棚からどの商品を取ったのかをすべて把握。スマートフォンのアプリ上で自動的にカートに商品を追加し、店舗を出るときに、これも自動でアマゾンのアカウントから決済される仕組みだ。レジで支払いをする必要はない。

店内のお客様の行動を、画像、音声等で認識し、把握するというのは、コスト的に見合うのかは別としても、とてもアマゾンらしいコンセプトだ。

メディアでは、この「レジフリー」という点が注目されているようだ。今後、購入商品の会計登録や決済の無人化は、いろいろな方法が開発されるであろう。

しかし、小売業で一番重要なのは決済方法ではなく、品揃え、売場であり、それに対してお客様がどういう行動をとり、どう売上につながったか、である。

小売業は、お客様の行動を把握できる位置にいる。誰がどの商品を手に取ったのか、どの時間に誰が店内をどう回遊したのかという情報を、品揃えや店内レイアウトの調整に活かすべきだ。しかしながら、これまでのところ、そういった話は聞こえてこない。

また、レジは無人とはいえ、店内管理に従業員は必要なはずである。そこで、さらに一歩進めて、従業員の行動の把握までをセンサーを使ってできるようになれば、より良いオペレーションの実現に一歩近づくだろう。

5-03

店舗は製造拠点、物流拠点に進化する

在庫拠点から、製造販売拠点、物流拠点へ

これまでの店舗は商品を在庫し、お客様に販売する、いわば「在庫拠点」だった。しかし、今後は「製造拠点」「物流拠点」としての役割が重要になる。どういうことだろうか？

食品を例に挙げて説明しよう。コンビニエンスストアは、在庫拠点の代表と言える。コンビニは、工場で大量に製造された商品を、大量の店舗に物流し、大量に販売することで、低コストで高品質の商品を開発する仕組みをつくり上げた。なかでも集客に寄与したのは、弁当の商品力だ。コンビニの弁当、調理パンは集客の柱になっている

し、売上も大きい。お客様のニーズが高まっている惣菜の開発も強化されている。

しかし、コンビニの仕組みには問題が出てきている。工場で製造された商品は、物流のための時間が必ずかかる。製造してから店頭に並ぶまで、半日から1日のタイムラグは見込まねばならない。時間がたてば鮮度が落ち、味が落ちる。添加物も必要になる。

食品は、お客様がそれを消費する場所、たとえば家庭やオフィスなどの近くでつくったほうが、確実に鮮度は高く、おいしいものになる。それが製造販売拠点である。

コンビニも、カウンターのホット商品など店舗で製造するものもあるが、面積に限りがあるので、拡大するには限界がある。

食品スーパーマーケットは、惣菜、生鮮を店舗で製造している。店舗のバックルームに広い製造拠点がある。その日に販売する商品で、鮮度劣化の少ないものや、お昼時に売れる商品を、朝から調理し、その後、夕方からのピークタイムに合わせて、できるだけつくりたてを提供できるように調理している。夕方以降は、夜に来店されるお客様のニーズに合った商品を調理する。売行に合わせて、適正在庫になるよう製造調整することもできる。

食品スーパーの惣菜は、バックルームが製造拠点になるので、お客様一人ひとりのニーズに合わることも可能だ。あるお客様のためだけの塩味のポテトサラダや、あるお客様のためだけの、マグロの握りが多めの寿司などを簡単につくり、提供できるようになる。

「顧客一人ひとりに合わせた商品など、つくる手間はかけられない」という向きもあるかもしれない。惣菜の材料が余れば、それもロスにつながる。

だが、ＡＩによる需要予測が今よりもっと普及したら、どのお客様が何時に店舗に来店されるかといった予測に基づいて商品を製造したり、ネットの予約を受けて、個人別につくりたてを提供することもできるようになる。

つまり、お客様にとって付加価値が高い商品を提供できることになり、欠品がなくなり、値下げロス、廃棄ロスが減る。以上のことから粗利率が高くなって、惣菜部門の収益性は向上するはずだ。

ネットスーパーとリアル店舗の融合

ＡＩが普及するとともに、リアル店舗もＩＴ化が進む。食品スーパーはネットスーパーとの融合を進めることで、よりお客様の支持を得られるサービスが提供できるようになるのではないか。ネットスーパーと店舗スーパーが融合すれば、より販売チャンスが増えると予想される。

たとえばネットスーパーは、注文を受けた商品を、店舗在庫からお客様の自宅へ配送する。店舗には商品の在庫があるし、惣菜や生鮮商品は店舗で製造される。店舗はお客様の住居に近く、店舗内に製造拠点があるから、店舗ではつくりたてを販売できるし、店舗を物流拠点にすれば、つくりたてをお客様の自宅まで配送することもできる。お客様が店舗で購入した商品の宅配も可能だ。

店舗の在庫は、自店で販売する商品と、ネットスーパーの商品を兼用しているから、在庫効率もいい。店舗からお客様の自宅までの距離も近いので、配送効率も高い。お客様のところに配送する物流拠点として、店舗は最高の位置にあるのである。

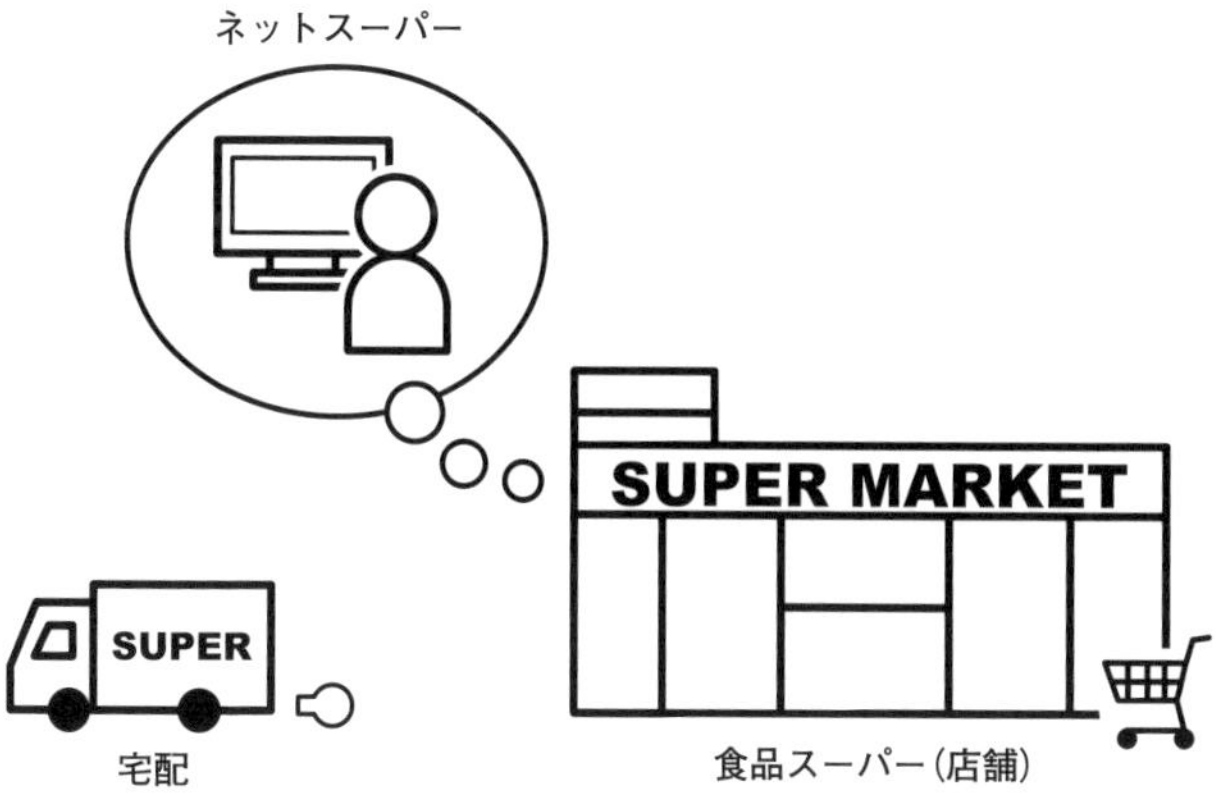

食品スーパーがネットスーパーも手掛けることで、チャンスは増える。お客様はネットで注文した商品や店舗で購入した商品を宅配してもらえるので便利だ。

コンビニエンスストアは、小売中心の流通構造の時代には、伸長したかもしれない。その時代はチャンピオンだった。しかし、これから先の、「お客様中心の流通構造」の時代には、安閑とはしてられない。コンビニエンスストア各社も、「お客様中心」という言葉を掲げてはいる。しかし、コンビニの仕組み自体、「メーカーが大量生産した商品を、全国の店舗で販売する」というビジネスモデルだ。

おでんの出汁の味を地域ごとに変えていると言っても、しょせん全国で数種類程度である。西日本にいて東日本の味を食べたいというお客様のニーズに対応しているわけでもない。基本的に不特定多数に向けた品揃えであり、だから品切れとロスが発生する。

個店別、個人別の細やかなお客様のニーズを汲み取り、店頭で販売したり、自宅へ配送したりできるのは、食品スーパーの役割だ。

ＡＩで情報管理がされているスーパーマーケットなら、お客様のニーズに合わせた、品切れとロスがない店舗運営が実現できる。食品流通のネット化は、お客様のニーズも強いので進んでいく。食事は毎日のことだし、いつでもどこでも買い物ができるのは魅力だ。惣菜、生鮮といった食品流通は、お客様の住居に近い場所に在庫拠点、製造拠点、物流拠点となる店舗を持つ小売業が有利である。これからは、リアル店舗とネットスーパーが融合した小売業の勢力が拡大していくだろう。

5-04 チェーンストアが個店対応になる

チェーンストアの長所と短所

これまで、チェーンストアは標準化して多店舗化することで、効率的な経営を行い、企業規模を拡大してきた。

標準化とは、バラツキを減らし、どこで誰がやっても同じような成果が上がるようにすることである。そのためチェーンストアは、どの店舗でも同じ商品を品揃えし、同じようなフロアレイアウトで、同じような売場を展開している。レジや什器などの設備も同じものを使うようにしている。あるチェーンストアのA店とB店を訪れたときに、標準化が徹底されていれば、どちらも同じような店構えで、違いを感じることはない。そのほうが良いとされてきた。

なぜなら、標準化することで、たくさんの店舗が同じ商品を、同じ価格で販売できるようになる。ある商品を大量に仕入れることでスケールメリットが働き、さらに安価に仕入れることができて、価格競争力を得られる。

また、同じような店舗を大量に出店すれば、店舗の建設資材なども安価に調達できるようになる。店舗での作業内容はマニュアル化されていて、マニュアルさえ読めば、誰でも品出しやレジ打ちの作業ができるし、誰がどんなふうに作業しても、同じ結果が得られるとされている。

本来なら、店舗ではお客様一人ひとりに向けた品揃えをしたいところだが、一店舗が向き合うお客様の数が多すぎるため、標準化して、最大公約数の品揃え、サービスしか提供できてこなかったのである。ＰＯＳデータや在庫や仕入れ等、各種のデータも多すぎて、分析して、次の打ち手につなげることもできなかった。

ＡＩが的確な在庫を割り出す

現在はデータを分析するといっても、チェーン店全店のデータを1か月分とか、どんなに細かくても1週間分集めて分析するといった、おおざっぱな分析しかできていない。

だが、AIがビッグデータを分析することで、個々のお客様のニーズを予測し、そこから売場づくりにつなげていくことができるはずだ。AIによって、より細かく「個店別」「時間帯別」のPOSデータ分析が進むと予想される。

たとえば食品スーパーのある店舗で、POSデータを使って惣菜の在庫数を1時間ごとに確認し、最低在庫量を切った商品を一覧にできたとする。これまでは、数十種類展開されている惣菜の時間帯ごとの品切れ情報を、次の製造にどうつなげればいいのか、わからなかった。

だが、POSデータと在庫データを元に、AIが品切れを予測し、さらには朝、どれだけの製造量を確保すれば品切れを最小限にできるのか。どのタイミングで、どの商品をあと何個追加で製造すれば、最適な生産量を確保できるのか。このようなことまで具体的にわかるようになる。

個店別の品揃えと棚割りが可能になる

これまでのように、チェーン全体でデータを分析するのではなく、個店ごとに、そして時間帯ごとにPOSデータを分析できるようになると、何が変わるのか。

一つには、個店別の品揃えと棚割りができるようになる。品揃えとは、その店、あるいはその企業が「どの商品を取り扱うか」であり、棚割りは、その商品を売場の棚に「どう陳列するか」ということである。

これまでは、大半の企業が「立地別」か、店舗の「売場面積規模別」程度にしか、品揃えや棚割りのパターンを持っていなかった。棚割りにしても、食品小売業の惣菜売場で、よくて1日に2~3回、商品の在庫量に合わせてフェイスを変更する程度であった。

AIを使ってきめ細やかな分析を行えば、それぞれの店舗が、どのような品揃えをして、それぞれの時間帯に、どのような棚割りをすべきかが明確になる。

食品スーパーであれば、生鮮や惣菜の売場を時間帯別に変更することも可能になるはずだ。朝方なら、朝食用のパンやランチ用の弁当の陳列面積を増やし、昼時から午後にかけては、家で食事をとる家族向け、もしくは単身世帯向けのおかずを多めにする。午後から夕方にかけては、そのまま持ち帰って、あるいは店頭で食べられる少しリッチな惣菜とごはんのセットを多めに展開する。そのままおつまみになる惣菜や、翌朝の朝食、弁当ニーズを狙った商品も提供できるだろう。

もちろん、弁当や惣菜の種類は、暑い日であれば寿司や蕎麦が多めで、寒い日であれば鍋メニューや煮物が多めになるというように、気候の変動や、曜日に合わせて変化させる。こうしたことが、簡単にできるようになるはずだ。

AIによる販売促進

AIの普及は、販売促進の方法もガラリと変える。

これまでは、不特定多数のお客様に、同じ内容をオファーする販促施策しかできなかった。チラシによる販促や、ポイント付与による販促（ある期間に来店されたお客様に対して全員「10％オフ」など）である。

ポイントカードを導入している企業でも、男性や女性といったお客様の属性に合わせたクーポンは発行できても、購買履歴に基づく関連商品のご提案や、値引きの提案などはできていなかったのではないだろうか。

しかし、今後はスマートフォンとＡＩを活用した、1to1マーケティングが主流になっていく。お客様の性別、年代別の属性や、オンライン、リアル店舗での行動履歴、購買履歴などから、再来店や買上点数アップを促すような販促が行える。

お客様のスマートフォンに直接、「お客様のお好みのこの商品が、今日はお買い得ですよ」というプロモーション情報が届く。届く時間も、たとえば退勤前や、昼食の買い出し前のように、それぞれのお客様の生活行動に合わせて最適な時間に届けられるようになる。

インターネットの閲覧履歴なども合わせれば、お客様の好きな表現方法や、お客様の食の嗜好、ファッションの傾向なども把握できるようになる。こうして得た情報を元に、お客様の趣味嗜好に合わせた関連商品の提案を、ＡＩは実現するだろう。

AIによるマネジメントのシステム化と効率化

数百店、数千店の店舗を抱えるチェーンストアは、本部の指示を現場が適切に実行したかという進捗管理に、多大なコストをかけている。スーパーバイザーが実際に訪店して状況を確認したり、電話、FAX、メールなどでいちいちチェックしている企業が少なくない。

本部からは日々膨大な情報が送られてくるので、現場はそれを処理するだけで精いっぱいである。チェーンの規模が大きくなればなるほど、最終的な進捗確認ができず、やりっぱなしで終わり、振り返りができていない企業も多い。

さらに、店舗に電話をして「あの作業は終わったか？」と確認をすると、「やった」という返事が返ってくるのだが、実際に店舗に行ってみると、作業が済んでいないことも多い。

私があるドラッグストアの経営に携わっていたときには、スーパーバイザーが離島にある店舗に通えないと言うので、店舗のレジ前エンドの天井にカメラを設置した。

本部の指示通り推奨商品をきちんと山積み陳列にしたか、写真で確認することも行っていた。

ＡＩ化とＩｏＴ化が進めば、本部にいながらにして、全国の店舗の店頭状況を把握できる。小さなカメラが店内の至るところに配置され、店頭の陳列状況からバックルームの清掃状況まで、本部のＰＣで確認できるようになるだろう。

陳列も画像で表示されるだけでなく、その徹底度について、Ｓ、Ａ、Ｂというように、ＡＩによって評価される。進捗が遅れている店舗があれば、作業割り当てに問題があるのか、人員配置に問題があるのかなど、オペレーション上の原因もすぐに把握できるから、改善の手も打ちやすいはずだ。

ビッグデータとＡＩの活用で、売場の分析精度が向上する

マネジメントレベルが上がるということは、お客様のニーズに合った売場をつくれるようになるということだ。具体的には、立地別、時間帯別の品揃え、売り方ができるようになり、販促の精度も上げられるということである。

しかし、言うは易し、行うは難しで、最初から正解がわかるわけではない。何度も仮説を立て、実際に販売して、結果を検証することを繰り返す必要がある。

ビッグデータとＡＩの活用によって、ＰＤＣＡのサイクルとスピードは格段に上がる。ビッグデータを分析し、売場で売り込む計画を立て、販売した結果をさらに分析することで、その打ち手が正解だったかどうか、すぐわかるようになる。

このＰＤＣＡサイクルを繰り返すことで、よりお客様のニーズに合った売場になり、マネジメントレベルが上がるはずだ。

現在、小売企業はＰＯＳデータの分析で精いっぱいで、大半はＩＤ-ＰＯＳの分析まで至っていない。しかしこれからは個人を特定したＩＤ-ＰＯＳデータの分析効果が出せるようになってくる。そうすれば、たとえば購入金額上位の優良顧客が繰り返し購入しているような商品を品切れさせずに扱うことができたり、優良顧客が喜ぶようなプロモーションを実施するなど、さまざまな施策を打てるようになる。

また、ＩＤ-ＰＯＳデータによって、その購買が新規客なのか、リピート客なのかも分析できる。

小売業の売上は、客単価×来店客数である。さらに客単価は、一品単価×買上点数に分割できる。小売業が売上を上げるためには、どのような施策を打って来店客数を増やすか、あるいは一品単価、買上点数をどう変化させるかが課題になってくる。来店客数を増やすにしても、新規客を増やすのか、それともリピート客を増やすのかで、施策はまったく違ってくる。

ポイントプログラムを提供していても、ＩＤ-ＰＯＳデータを活用していない企業は意外と多い。現在は全客数に占めるＩＤ-ＰＯＳ比率はまだまだ高くないが、今後は高くなっていくだろう。後述するが、とにかくデータを捨てずにとっておくこと。これが大切である。

ＡＩによる自動発注が可能になる

現状の自動発注は、あらかじめ設定した在庫数（発注点在庫数）を、現在の在庫が下回ったら発注をかけるという在庫型自動発注が多い。

しかし、今後はＰＯＳのビッグデータをＡＩが分析し、店舗ごと、単品別に、季節や曜日による売上変動や、天候、販促といったコーザル（売上変動要因の情報）との関連で売上を予測する、予測型の自動発注が主力になっていくと考えられる。

今現在は、ＡＩを使った予測型の自動発注は、十分な成果を上げていないことが多い。分析に使うデータの量や精度により、予測精度が上がらないという問題がある。

それ以上に、多くの経費がかかることが問題となっている。小売業の売場には何万種類という商品があるので、それを毎日データ分析するとなると、かなりの経費がかかるのだ。経費をかけて、単価が数百円の商品の売行を予測しても、得られる成果は十分ではないのが実態だ。

こうした状況下、先ほど説明した在庫型自動発注を使いながら、軽いＡＩで販売実績データを分析して、発注点在庫数を変動させるようなことも行われている。正確な在庫数、店頭の陳列状況、ＰＯＰなどの売場の販促状況、それに売上実績を照らし合わせることで、「なぜこの商品が売れたのか」の要因がわかるようになれば、売上予測の精度はさらに上がり、発注精度も上がるはずだ。

ＩＴの進化のスピードは速い。ＡＩを活用するコストも下がってくる。ＡＩ流通革命で、小売業では予測型の自動発注が一般的になっていくだろう。

5-05 売場の人の生産性が上がる

一人当たり生産性がアップする

現在、人件費が上がる要因は山積みであり、人の生産性が非常に重要視されている。

店舗小売業には、さまざまな作業がある。

・レジ作業（商品登録、金銭授受）
・品出し
・陳列
・POP付け替え

・棚卸
・清掃
・荷受け
・検品
・倉庫作業

これまで、これらの作業分担や作業指示はすべて勘と経験で行われていて、無駄な待ち時間が多かった。

これからは、店舗運営コストの60%を占めるレジ作業、品出し作業、検品、荷受け作業をＡＩの活用で効率化し、人の生産性を上げることができる。

レジ作業の効率化

たとえば、画像分析によるお買上商品の登録、決済システムの無人化によって、将来的にレジ作業はなくなるだろう。お客様が買った商品は画像で認識するのが当たり前になるのだ。RFID《アールエフアイディー》と呼ばれるICタグは近づけるだけで無線で商品を認識できるし、カメラでのバーコード自動読み取りも研究されている。

店舗小売業では、レジでのお客様の支払い会計業務の負担が大きい。さまざまな方法でのキャッシュレス化が進んできているが、今後はさらにそのスピードは上がっていくだろう。

認識した商品を会計登録し、その内容にお客様が同意すれば、登録されたクレジットカードや銀行口座から代金が自動的に引き落とされる。アマゾン・ゴーのように、店舗から出た瞬間に、そのとき持っていた商品の代金が課金されるという方法もあるだろう。

キャッシュレス化や無人での決済方法はいろいろ研究されており、実用化は近いと考える。

品出し・荷受けの効率化

バックルームから店頭まで商品を運び、店頭に陳列することを、品出しと言う。業態や商品回転数によっても違うが、そこにかかる労力は非常に大きい。

これまでは、人が目視で「そろそろ在庫が切れそうだ」と確認し、バックルームに商品を取りに行って、品出しをしていた。都度都度の補充であるから非効率だし、漏れも出てくる。

ＡＩが一般的になると、売場在庫が画像認識システムによって把握され、どの商品がいつ品切れするかの予測もつくようになる。どのタイミングで、どの商品を、どの順番に品出しすればよいか、ウェアラブル端末などに表示された通りに作業をすることで、作業の効率も上がってくる。

ロボットによる店内作業の効率化

ロボットの導入によって、店内作業は効率化される。すでに一部の企業では、清掃にロボットを導入している。床の掃除であれば、家庭で使われているルンバのようなロボット掃除機を閉店後から開店前まで走らせておくだけで、相当きれいになるはずだ。

また、店頭の商品が品切れしそうなときに、バックルームから商品を補充する作業も、先々はロボットが担うことになるだろう。ただ、小売の作業は、「同じ作業を大量に」するものではなく、「異なる小さな作業がたくさん」ある。商品の姿形も千差万別で、ロボットが作業しやすいように定型化することは難しい。

棚の近くまでロボットが自動で品出しをして、その後、人間が陳列作業を完了する程度のことならば、実用化はそう遠くないと考える。

変わる店頭作業と接客

店頭で働く従業員は、腕時計のようなウェアラブルコンピュータを身につけ、インカムを装着して作業をすれば、効率化が図れる。従業員同士がインカムでやりとりをしながら、柔軟にお客様に対応していくことになる。

小売業やサービス業の仕事が他の業種ともっとも違うのは、お客様に対応するのが最優先で、イレギュラーな作業が非常に多いことである。店頭の陳列量が減れば、品出し作業をしなければならない。品出しの途中でも、お客様から声をかけられれば、接客する必要が生じる。また特売売場をつくっていても、レジが混雑してくれば、即応援に入らねばならない。

荷受け、検品作業も、日によって到着時間がまちまちの配送トラックを待って行わなければならない。相手の都合が最優先で、まとまった時間をとって作業することが非常に難しい。

しかし、ＡＩの予測精度が高まれば、突然の作業は必要最低限に抑えられるようになる。従業員の一日の作業の流れは、ＡＩが立てた来店客数や売上の予測によって決められるようになる。

自動運転が一般化すれば、配送トラックは道路の混雑状況なども加味したうえで、配送センターを出発するようになる。決められた時間に到着するようになるから、作業時間も一定になる。

荷受け・検品の商品量から、必要な従業員の人数も算出されて、作業が割り当てられるようになる。

レジにお客様が数名並び、急遽レジを開放する必要がある場合は、ＡＩが作業を割り当てる作業員のインカムに、音声で指示を出す。もしくは、時計型の端末にテキストで指示を送る。作業に入ることができるようであれば、マイクに向かってその旨を伝えたり、時計型の端末で「自分が作業に入る」というボタンを押す。対応できない場合は、その旨をＡＩに伝えると、別の従業員に指示が飛ぶ。

これまで突然の混雑によるレジ対応などは、従業員の機転に依存するところが多かった。しかし、そういった部分もシステム化、機械化されることで、お客様により快適な買い物環境を提供できるようになる。すべての従業員の作業が記録されることで、作業の予測精度もより高まるだろう。

店舗従業員はタブレットを持ち、それをお客様の接客に活用することもできる。タブレット上で稼働しているアプリはクラウド上の顧客台帳につながっていて、店内のＡＩが認識して特定したそのお客様の購買履歴や、接客の履歴を簡単に参照できるようになる。どのような話し方の接客がお好みなのか、商品へのこだわりや、価格の志向など、タブレットが接客のサポートをしてくれるのだ。さらに、カテゴリー内でどの商品を選択すればいいかのアドバイスや、それぞれの商品の特徴なども、タブレットで参照できる。

医薬品や化粧品のような、これまで接客には高度な知識が求められていたカテゴリーの商品についても、接客側の専門的な知識の有無は、あまり問われなくなるだろう。人間はお客様のお悩みをうかがったり、感じの良い接客をする役割に徹することになる。

作業割り当ても簡単に行えるようになる

店内の作業計画を立て、各従業員の能力に応じて、各人に時間帯別に作業を割り当てることを「作業割り当て」という。これを決めることは、店長や売場チーフの重要な役割の一つである。

具体的には、その日の来店客数や売上を予測し、どの時間帯に、どのような作業が発生するかを考え、どのような能力を持った人を、どう配置するかを決めるのである。毎日のことでもあり、これは非常に煩雑な作業だ。

それぞれのパート・アルバイトには、「陳列は得意だが接客は苦手」「レジは誰よりも上手」といった得意不得意と、「昼間は学校があるからシフトに入れない」だとか「扶養の範囲内で働きたい」といった労働時間に関する希望がある。それらを加味してシフトを決めるのだが、後で間違いを見つけると、こちらを修正したら、あっちも修正して……と、これまたパズルのような作業になってしまう。

この作業もＡＩを使えば、大きく効率化されるだろう。まず季節指数や商圏情報、プロモーション情報、昨年の動向などから、売上と客数が予測され、そこから算出される納品量から、店内の作業量が予測できるようになる。

そこに、それぞれの従業員の得意不得意情報と、労働時間の希望情報を掛け合わせる。Ａさんはレジ作業と陳列補充作業ができるから、ピークタイムの15時から17時まではレジに入ってもらって、暇になったら陳列作業をしてもらおう。Ｂさんは陳列作業はとても上手だけれど、レジはイマイチだから、10時から16時の間で陳列作業をしてもらい、ピークタイムになったらレジのヘルプに……など。

もちろん、その作業割り当てが適正だったかも、後から評価することができる。よって、さらに作業割り当ての精度は高まる。

現在は勘と経験で、膨大な時間をかけてつくっている作業割り当てが、ＡＩによって論理的に、少しの作業量で作成できるようになれば、小売業の悩みの一つが解決されることになる。

　レジ業務も、レジに設置されたカメラで、動画や音声が記録されるようになる。その動画をＡＩで分析することで、レジ作業の効率や、お客様の満足度、従業員満足度なども評価されるようになるだろう。挨拶をしっかりしているかどうか、お客様が笑顔になったかどうか。感じのいい接客が、効率的に実現できるようになる。

5-06 ＨＲテックを活用して人材を育てる

小売業には人間らしさが不可欠

ＡＩが普及すると、ヒューマンリソース、つまり人事・教育の分野にも影響を与えるだろう。労働集約型産業である小売業は、適切な教育を行い、評価をし、人を育てることでより付加価値の高い産業に転換できると考える。

最近は、ＡＩやビッグデータ、クラウドサービスなどを人材育成に活用する、ＨＲテックと呼ばれるサービスが登場している。これは、人材（Human Resources）×テクノロジー（Technology）の略語である。

私は、小売業がただ単に店頭に商品を陳列し、来店したお客様に販売する、機械的な装置産業から脱却することを願っている。

買い物という行動は、人間にとって根源的な喜びの一つである。そして、小売業は人と人、人と商品とがふれ合あう産業であり、店舗は人と人、人と商品がふれ合う場だ。どんなに技術が発達しても、人が買い物で満足するためには、そこに「人間らしさ」の介在が絶対に必要なのである。

しかし、現在、小売業に従事している人材がそうした「人間らしさ」を求めるお客様のニーズに対応できているかと言うと、残念ながら、まだまだそのレベルに達していない。店舗の従業員が、本部の指示に従うだけの「作業員」に徹してしまっている。

仮に店舗が、お金を出せば商品が出てくる自動販売機のような存在であるなら、お客様はわざわざ足を運ぶことはなくなり、店舗小売業はインターネットショッピングサイトに負けてしまうだろう。

これからの小売業は、店舗に「人間らしさ」をもたらし、お客様に喜んでいただくことを喜びとするような人材を採用し、育成することが非常に重要になってくる。

組織と人：変わる本部と店舗の役割

　では、なぜ日本の小売業は、店頭の人材を「作業員」にしてしまったのか。これまでのチェーンストア産業では、「店舗」は本部が決めたシナリオを実現する、いわば「実行部隊」のような位置づけだった。店舗は、本部が決めたシナリオ通りの店頭を実現するのが役割とされていたのである。

　たとえば、本部が決めた棚割を、予定された期日までに陳列する。メーカーの新製品店頭プロモーションを、本部が決めた通りに実現する……など、そこに求められるのは作業員としての生産性の高さ、つまりは、正確性と作業のスピードであった。

　もちろん、店舗にも多少のアレンジは認められていたが、実際は本部からのさまざまな指示に忙殺され、独自の創意工夫を盛り込む余地はほとんどなかった。だが、人からの指示に従うだけでは、仕事のやりがいや面白さを感じることは難しい。

　これからはＡＩが普及することによって、本部と店舗の関係性は間違いなく変化する。店舗はお客様のニーズに対応する機能がより重要になる。本部の機能は、店舗が集約した情報を参考にして、より鮮明になったお客様像に向けた商品開発が中心になるだろう。

店舗の仕事は、自店のお客様に向けて、本部がつくった商品リストの中から商品を選択し、どう売ればいいのかを考えることになる。一人ひとりのお客様に対して、どういう商品をどのようにおすすめすべきか、ＡＩのサポートによって売場の人が考えるのである。

特定の曜日の、特定の時間帯、自分の店の棚に、どのように商品を陳列するか。それぞれのお客様に、どのように接客するか。

個店の環境と、お客様個人のニーズに合わせて、店舗従業員が自ら想像力を働かせて、意思決定をするようになる。これまでの「作業員」というイメージとは違い、自由度が高く、想像力が発揮できる創造的な仕事である。機械的な装置産業とはまったく異なる価値創造業となる。

このような新しい本部、店舗の役割分担がなされ、新しいチェーンストア像が立ち上がっていくにあたり、流通小売業が求める人材は「優秀な作業員」から、「人間らしさ」を店舗にもたらすことができる人材になるだろう。

それは、他人の喜びを「自分の喜び」として考えられる人であり、仮説を立てて、それを検証できる人だ。しかし、現在そのような基準で採用を行っている小売業はほとんどない。

採用：小売業に適する人材をＡＩが選抜する

小売業における人材戦略の第一歩は採用だ。採用段階にＡＩが導入されると、どのような変化が期待できるだろうか。

筆記試験はもちろんのこと、面接試験も、ＡＩが動画や音声を定量的に分析するようになるだろう。話し方、声の質、表情が記録され、それを分析することで、その人が小売業に向く人材か否かが明確になるはずだ。

現在、日本企業の採用における最大の課題は、採用した後に、採用時に期待した通りの実績を上げているかの捕捉が難しいことである。そもそも多くの企業が、採用後の実績をデータ化していない。

今後、企業が各個人の採用後の実績をデータ化するようになれば、その採用の妥当性を判断することもできるようになる。「店舗の売上を上げた」「欠品率を下げた」「在庫を圧縮した」「レジのオペレーションが正確で素早い」などの定量的な項目から、「仕事が好きになって、周囲の従業員に良い影響を与えた」「後輩を熱心に指導した」というような定性的な項目までが評価の対象になる。

採用の妥当性を分析することができるようになれば、さらに採用ＡＩの精度は上がり、より自社に適した人材を採用できるようになるだろう。

教育：個人別のカリキュラムを安価に提供できる

従業員教育も、ＡＩの普及によって大きく変わる分野である。流通小売業、特にチェーンストア産業の特色として、「大勢の従業員が、さまざまな場所にある店舗で業務に従事している」ことがある。そして、その多くはパート・アルバイトであり、一人当たりの教育コストも多くかけることができない。パート・アルバイトは、学生から主婦、高齢者と属性もバラバラで、社会人経験の有無もまちまちだ。

これまでほとんどのチェーンストアでは、対象となる人全員に一律の従業員教育しか施すことができずにいた。教材や独自のマニュアルを用いたり、Eラーニングの講座を使って、全員が同じ内容の教材を学んでいた。個々の習熟度や特性に応じた個別のカリキュラムを提供することができず、得意な分野を教育によってさらに伸ばしたり、苦手な分野を教育で底上げすることはできずにいた。

現在、エドテック（Edtech）という言葉が広がりつつある。これは、教育（Education《エデュケーション》）と技術（Technology《テクノロジー》）を組み合わせた造語である。学校教育で用いられている言葉であるが、ビジネス上の教育にも範囲を広げつつある。ウェブカメラを使い、双方向でやりとりをしながら教育を進めたり、ソーシャルメディアを使った取り組みなども行われている。

まったく習熟度の違う大勢の従業員が、さまざまな拠点に点在しているチェーンストア産業にとって、このエドテックは活用の機会が大きい。個人別にカスタマイズした問題を低コストで配信できるからだ。

ＡＩによって、個人個人の得意不得意や、習熟度に応じたカリキュラムも自動的に生成できるようになるだろう。Eラーニング用に用意されたタブレットで教育カリキュラムを進めていく際、出題された問題に対する反応が早いかどうかを分析したり、カメラで表情を分析し、問題を楽しそうに解いているか、辛そうに解いているかなどの判別もできるようになる。その個人の理解度や習熟度に合わせて、さらに新しい問題が出題されることで、社員教育のレベルは飛躍的に上がるはずだ。

また、タブレットを使った双方向の授業を提供することで、業務知識や商品知識、業界の一般常識といった詰め込み学習的な要素が強いものだけでなく、接客や、仮説検証のように、マニュアル化できない暗黙知をも、教育できるようになる。

一律に教科書を読ませて、それで教育をしましたというような時代は終わる。小売業は人間産業だ。人を育てることこそが企業の価値になるのだから、もっと投資をしていくべき分野である。

評価：数値化しにくいものを評価しやすくなる

今後、ＩｏＴとＡＩが進化すると、店内に設置されたカメラを通じてお客様の店内行動が把握できるようになる。それと同時に、従業員の店内行動も、把握・分析できるようになるだろう。

ある棚の陳列作業にどれだけの時間がかかったか。一人のレジ対応を何分で処理することができたか。お客様が、レジにクーポンを持ってきたとき、適切に短時間で対応できたか。こういった作業時間を数字で記録できるようになる。さらに、カメラで録画された動画によって、お客様や従業員の感情の起伏までが分析できるようになる。

レジで接客をした際に、お客様がにっこりほほ笑んだかどうか。商品をおすすめした際に、お客様が不機嫌そうな顔をしたか……など。会話の内容もすべて録音してテキストデータに起こされ、ＡＩによって分析されるようになるはずだ。これにより、社員の評価も大きく変わる。


従来の小売業では、従業員の評価は上司の主観的な物差しによるところが大きかった。個人によって、作業効率には大きな差がある。たとえば商品の補充作業一つとっても、カゴ車に適当に商品を積み込んだために、棚の右端から左端まで、あちこち行ったり来たりして作業する人や、集中しないで作業をしているために、手が止まってしまう人もいる。一方で、バックルームで棚の陳列順までを考えてカゴ車に商品を積み込み、あっという間に陳列を終えてしまう人もいる。

現状でこれらの作業はすべて同じとみなされて、作業効率が良くても悪くても、同じ時間だけ働いていれば、同じ給料が支払われる。作業効率は評価に反映されないのである。また、レジで「いらっしゃいませ」というお声がけを徹底しようとしても、実際にはやらない従業員も少なくない。


ＡＩ化によって、従業員の作業時間が把握できたり、お客様の接客に対する反応を数値化できるようになれば、より効率的な作業や、より良い接客ができる人を高く評価できるようになる。逆に言えば、これらの技術をきちんと身につければ、上司にこびへつらわずとも、報酬を上げることができるようになる。

人の作業だけではなく、製造技術、販売技術についても、ＡＩによる評価は広がる。たとえば、食品スーパーでの食品加工、ドラッグストアでの化粧品のタッチアップ販売、アパレルショップでのコーディネート販売などは、販売員個人のスキルの差が如実に現れる。

天ぷらをおいしそうに揚げられるか、刺身をきれいに切れるか、化粧品カウンターで接客する際、お客様に似合ったメイクをご提案できるか、アパレルショップで、お客様のご要望に応じたコンプレックスを隠すコーディネートが提案できるか……。

何十店、場合によっては何千店という店舗を持つチェーンストアの場合、ある一人の上司が、一人ひとりの仕事ぶりを確認して、天ぷらの揚げ方の巧拙や、コーディネートの善し悪しを判断するのは不可能だ。

ＡＩとＩｏＴによって、そういった技能も録画された動画から自動的に分析され、数値化できるようになるだろう。「エビの天ぷらを１００本揚げるうち、10％がＳランク、40％がＡランク」であれば、天ぷら惣菜士１級の資格が与えられ、待遇は○円アップする。このような明確な指標のもとで待遇を決めることができるから、公平性がもたらされるようになるだろう。効率的な作業方法を教えること、そして、効率的に作業をしている人を評価することが大切だ。

なお、行動のすべてが管理されるようになると、息苦しいのではないかという意見もあるが、あくまで「きちんと業務ができる人を高く評価する」ためのものであることに留意されたい。何かができない人の評価を下げるのではなくて、何かができない人こそ、教育の対象と考えるべきだ。できないことが明確になれば、できるように教育できる。あくまで成長のための実態把握であることを理解してほしい。

人事：AI人事部がキャリアプランをつくる

前段の「評価」に関連するが、AIの普及により、人事の適正化もより進むだろう。ある人の業務の評価に基づき、その人に向く仕事を割り当てられるようになる。

チェーンストアは何百人、何千人という従業員を抱えるが、それを適切に評価して、異動・配置転換するのは至難の業だ。

チェーンストアの人事部長に、どのように人事異動・配置転換しているのかと聞くと、「だいたいわかります」という返事をもらうことが多い。しかし、数百人、数千人の仕事を正確に把握などできるわけがない。一人ひとりの作業を見ている暇がある上司などいないのだ。

「この人はきっと、こういう仕事には向かないだろう」「この人はこういう作業が苦手に違いない」という上長や人事部の主観的な判断で、配置が決まってしまうのである。果ては「この人とこの人は、合わないはずだ」などと、性格や相性についても主観的な判断をして人事異動を行っているようなケースもある。

小売業の中でも、人事に真剣に取り組んでいる企業は、誰がどのような教育を受けたか、何が得意で、何が不得意か、どのような希望を持っているかなどの情報を集約し、個人別の能力プロファイルを作成して、キャリアプランを作成している。

ここまでであれば人力でもできるのだが、それぞれの習熟度に合わせて配転や人事異動をするのは、パズルの組み合わせのようで、人間には非常に難易度が高い。しかしITを使えば、従業員のキャリアパスと、店舗や部署が望む能力をきちんとマッチングさせて、異動を決めることが容易になる。

今後、自動的に従業員の店内行動が分析され、口調や会話の中身、手の動きまでトレースできるようになれば、AIが店舗従業員の評価を行い、AIが教育計画を組み、AIが異動を決める、「AI人事部」が登場することもあり得るかもしれない。

5-07

コトを売る小売業はネットに負けない

コトを売る店舗小売業はネット小売業に対抗できる

これまでに述べてきたように、店舗小売業はお客様中心に変化していくと同時に、業態や部門間の壁がなくなり、製配販も融合していく。インターネット販売も飲み込んで、店舗小売業は革命とも言える変化と向き合うことになるはずだ。

このような変化を背景にして、小売業における「店舗」の存在意義はさらに高まるだろう。その理由の一部を次に挙げる。

1 店舗が店舗運営の主導権を握るから

本部がつくったチェーン一律の棚割に応じて、店舗従業員が機械的に商品を陳列・販売する時代ではなくなる。店舗が品揃えや陳列の主導権を握り、個店個店に来店されるお客様のニーズに応じて、時間帯別、曜日別の品揃えを起案し、実現するようになる。

2 店舗が仮説検証の拠点になるから

お客様のニーズは、仮説と検証の繰り返しによって掘り起こされるものである。店頭は、そのためのデータを収集できる、お客様との貴重な接点である。同時に、仮説と検証の拠点も、本部から店舗へ移っていくだろう。

3 店舗がサービス提供拠点だけでなく、製造拠点になり、配送拠点にもなるから

店舗は、これまで果たしてきたサービス提供拠点としての役割に加え、製造拠点になり、また配送の拠点にもなる可能性がある。

4 店舗が集客・ブランディングの拠点になるから

小売業は、店舗を通じて自社のブランドを構築できる。お客様はその生活圏に店舗が出店したことによって、企業や店舗の存在を知る。そして、そこで提供される商品、サービス、接客、外装、店内の什器、陳列、ＰＯＰなどのプレゼンテーションを通じて、その会社に対する特定のブランドイメージを持つ（たとえば、親しみやすい、高級感がある、おしゃれだ、最先端である、安心感がある……など）。

もちろんインターネットやメディアを通じて企業を認知し、ブランドイメージを持つこともあるが、そのインパクトの大きさは、実店舗での体験にはおよばないだろう。

コトを提供する店になる

モノが足りなく、所得が少なかったころとは違い、現在はモノ余りの時代だ。お客様は価格訴求だけで店を選択しない。家から近いか、品揃えが適切か、魅力的な商品を提供してくれているか、買い物がしやすい店内環境か……など、さまざまな条件を無意識・意識的に検討し、日常使う店舗を選択している。

大量生産されたメーカーの商品は、価格だけで選択されることが多い。しかし、その店でしか買えないような商品、お客様が本当に探し求めているような商品であれば、お客様は少し値段が高くても購入してくださる。

店舗小売業の本質は、人が人を喜ばすことだ。目の前に来てくださったお客様に、いかに喜んでいただくかを考えることに、店舗小売業の価値がある。

お客様に喜んでいただくためには、単に商品を陳列して販売するだけではなく、店舗の雰囲気、陳列やビジュアル・マーチャンダイジング（ＶＭＤ）などのプレゼンテーション、接客など、ありとあらゆるお客様との接点を使って、工夫をしなければならない。

単に安値な商品を積み上げたような売場ではなく、買い物をすることが楽しくて、ドキドキ、ワクワクする……そんな演出をしていく必要がある。

店舗小売業には、ネット小売業にはない、「お客様とのリアルな接点」を持てるという価値がある。個性のない商品を安価に販売する商売はネットに集約されていくが、店舗には店舗の価値がある。鍵になるのは、「モノ」ではなく、「コト」を売る店舗小売業に変化できるかどうかだ。

店舗では、商品を販売しないスペースが拡大していく。現にコンビニエンスストアや食品スーパーマーケットには、イートインスペースが増え、来店した家族や近隣の住民、学生たちが、購入した商品をその場で食べながら交流している。

ホームセンターには3Dプリンターやレーザーカッターが設置され、お客様が購入した商品を自ら加工し、オリジナルの作品をつくって楽しむ光景が広がっている。

ドラッグストアは調剤機能を強化し、健康相談窓口や検体測定室など、地域のお客様の健康に関する疑問や不安に答えるスペースを設置するところが増えている。検体測定室では、簡易血液検査を実施していて、数滴の血液を採取することで血糖値やコレステロール値などを分析してくれる。病院まで足を運ばなくても、手ごろな価格で健康をチェックできるのだ。

イートインや工房の利用、健康相談機能などは、店舗というリアルな場所でしか提供できない「コト」だ。今後、さらにお客様のニーズに踏み込んださまざまな「コト」が、店頭で提供されるようになるはずだ。

こだわりの商品・こだわりの売り方

アマゾンに代表されるネット通販企業がさらに拡大することで、今後は、単にメーカーから仕入れたコモディティを安価に販売する店舗は、価値が下がっていくと思われる。店舗小売業は、その企業、その店舗でしか購入することができないような商品を開発し、提供することで、その価値を上げていかなければならない。

たとえば食品なら、生産者が無農薬で手塩にかけて育てた農作物や、つくり手の顔が見える商品、厳選した原材料を使用した商品などが考えられるだろう。

日本には元々、自分が住む地域で収穫された食品を食べようという「地産地消《ちさんちしょう》」の考え方がある。アメリカでも、いきすぎたグローバル化の反動から「ローカル」というキーワードを冠した商品が人気になっている。地元でつくられた農産物やボディーソープなどの日用品が、店頭の目立つ場所に生産者の顔写真とともに陳列されている。製造量も小ロットで、他では購入できないということもあり、価格はナショナルブランドの商品より多少高くとも、売行は好調であるという。

地域の文化や生活についての提案も、店頭が発信できるこだわり情報の一つであり、他社との差別化につなげられるだろう。たとえば正月の献立や、お盆に親戚が家に集まったときの食卓など、その地域の風習に根差した、季節の催事に応じた食の提案である。

一方でハロウィンやイースターのように、次々と誕生する新しい催事に対する提案も重要になってくるだろう。ハロウィンであれば、仮装のためのコスチュームや雑貨、メイク用品、ハロウィン仕様のお菓子など、店の独自性とお客様のこだわりを掛け合わせて、いくらでも提案ができる。食品、日用雑貨、化粧品……など、部門の壁にこだわらず、横断して提案できるかどうかが重要である。

また、「店舗ならでは」の売り方にこだわることも、ネット通販との差別化につながる。

たとえば、お客様と顔見知りの店員が、そのお客様の趣味やこだわりを理解したうえで、自信を持って商品を紹介するのである。これは一方通行のネット通販にはできない売り方だ。ＡＩがお客様の購買履歴や属性、趣味から何かを提案するのとは違って、人が目の前の人と話しながら、何かを選び、おすすめするのは、商品を通じた人と人とのふれ合いである。これはまさに実店舗にしか提供できない価値である。

お客様が自分の好きなように組み合わせて購入できる、詰め放題のような販売方法や、自分の好きな色と柄を組み合わせて購入できる化粧品や日用品など、工夫次第でいかようにでも企業独自の販売方法を生み出すことはできる。

店頭ならではのライブ感

店舗でしか味わうことができない価値の一つに、「ライブ感」がある。今ここでしか買えない焼きたてのパンの味、挽きたてのコーヒー豆の香り、目の前で絞られた新鮮なスムージーの色合い、職人の手作業の繊細さ、鉄を加工するときに飛び散る火花の熱さ、木材をカットするときの大きな音……。五感に訴えかけるライブ感は、コンピュータ越しには決して楽しむことができないものなので、お客が店舗に足を運ぶきっかけになる。

アメリカの食品スーパー、トレーダージョーズ（Trader Joe's）では、店内で買い物をしていると、店員が淹れたてのコーヒーを試飲させてくれたり、棚前で商品の購入をためらっていると、その場で商品のパッケージを開封して試食させたりしてくれる。これもライブ感の演出の一つだ。

変わる店舗開発

店舗小売業がネット通販との差別化を進めるためには、店舗のデザイン（ファサード、内装）や陳列方法、プレゼンテーションも重要な要素となる。

店舗は、お客様に日常生活とは違う雰囲気を体験していただく場である。倉庫のように単にモノを機能的に並べただけの店舗で、必要な商品を探し回っていただくような販売方法のままでは、お客様はわざわざ店舗に足を運ぶ必要性を感じなくなるのではないだろうか。

日本の既存の小売業は、演出が非常にへたである。一律に蛍光灯で青白く照らされた店内に、整然と陳列されている商品。マニュアルに書かれた動きをそのままなぞって、不自然に「らっしゃいませー」と声を張り上げる店員。

これでは、お客様は楽しさやにぎわいを感じることはできまい。

日常の生活とは違ったハレの雰囲気、おいしそうな食品の匂い、人が集まるにぎわい感、顔見知りの店員からの親しみを込めた、さりげない挨拶、ふんだんに陳列された商品の中に、お買い得品や、はじめて見る楽しい商品を発見できるのではないかといったワクワク感……。リアル店舗がお客様に提供できるのは、こうした形にできない価値である。

POPや什器も、コスト重視で、味気ない事務機器のようなもので済ませている企業が多い。コストについての配慮は必要であるが、陳列や作業の効率を重視しながら、デザインや質感にも留意し、企業のブランドイメージを体現するようなものに変えていくべきだ。

この点、アメリカの食品スーパーは、非常に演出力に長けている。いや、演出力に長けた企業のみが生き残っている。

店内照明は明度を落とし、商品がスポットライトに照らされて浮き上がって見える。入口付近には、秋ならばハロウィンのパンプキン、夏なら独立記念日を祝う星条旗柄の商品が陳列されて、お客を「ようこそ」という雰囲気で迎え入れる。

入口付近の青果売場には、きれいにカラーコーディネートされた野菜が、バーチカル陳列（縦方向の陳列）で、美しく積み上げられている。従業員はフランクにお客様に話しかけ、顔見知りの客にはファーストネームで呼びかける。

前述したアメリカの食品スーパー、トレーダージョーズは「船に乗って世界各地へ飛び回り、おいしいものを輸入してくる」というコンセプトで店内を統一している。什器は木目を活かした木造船の雰囲気だし、プライベートブランドの商品パッケージも、大航海時代を彷彿とさせる、レトロでおしゃれなデザインだ。他のチェーン店ではお目にかかれないオリジナルのプライベートブランド商品を、お手ごろな価格で提供している。

世界観で統一された店内は独特な雰囲気があり、お客様はワクワクしながら店に足を運ぶ。販売方法で差別化を図っている成功事例と言えるだろう。

グローサラント

近年、高級なフードコートを併設したショッピングセンターが増えている。ファミリーレストランもびっくりの、半個室のような座席を設けたフードコートもあって、既存のフードコートより高い商品が売れ筋だという。

世界的に、食品スーパーマーケットが「グローサラント」を強化している。これは食料品店を意味するグローサリー（Grocery）とレストラン（Restaurant）を合わせた造語である。高級感あるスーパーマーケットの店内で高品質の惣菜を販売しつつ、イートインスペースも設けて、店内で食事も提供する業態である。

販売されている高級惣菜は陳列が工夫されていて、見ているだけでも楽しい気分になる。イートインスペースも、日本のコンビニのような固い椅子ではなく、レストランのようにくつろぎを感じさせるスペースとなっている。

アメリカの小売業は、オンラインの食品販売事業者に負けじと、このグローサラント化を進めている。イータリー（EATALY）やウエグマンズ（Wegmans）などが、その代表だろう。

今後は食品スーパーに、こうした雰囲気の良いフードコートのような場所が増えていくと考えられる。

第6章

ＡＩ流通革命を俯瞰する

6-01 流通業界で次代の覇者は誰か？

アマゾンの勢いは止まらない

アマゾンはＡＩ流通革命の先頭に立つ企業である。書籍のネット販売からスタートし、カスタマーレビューや、ＡＩを活用して他の商品をおすすめするレコメンデーション機能などが功を奏した。モール型として取扱商品を増やし、２億点とも言われるその品揃えは圧倒的である。

物流も強力で、即日配送や、数時間以内での配送も進んでいる。こうした物流の強さも利用客の拡大につながっている。さらに大型の物流センターを全国各地に続々と展開し、配送のスピードを速めている。宅配の人手不足問題も発生しているが、宅配強化に向けて次々と手を打っている。自社を中心とする物流体制が構築されていきそうだ。現状では他社の物流システムを利用しているが、アマゾンのことであるから、どこかの企業を買収し、日本全国に自社の物流網を敷くかもしれない。

商品の支払いも、アマゾンペイ（Amazon Pay）で簡単にできる。アマゾン以外のサイトでも、アマゾンペイで支払えるようになると利便性が上がり、利用客が増えるだろう。自社のみならず、他のネットショッピングサイトでの販売データも把握できることになり、お客様の商品購入の膨大なデータがたまっていく。

アマゾンはＡＩを活用して斬新な取り組みを次々と打ち出している。アマゾンダッシュボタン（Amazon Dash Button）は画期的なシステムだ。家庭の壁などに貼られ、特定の商品名のチップのボタンを押すだけで、その商品がすぐに配送される。

さらに数多くの商品を注文できるのが、3章でも述べたスマートスピーカー（ＡＩスピーカー）である。パソコンに接続されたスマートスピーカーに向かって話しかけるだけで、商品の注文もできるし、情報検索もできるし、家庭内の家電製品の制御もできる。アマゾン製のスマートスピーカー・エコーは、世界シェアが約3割とトップを走っている。さらに最近、画面つきの置き時計のような形のエコー・スポット（Echo Spot）も発売され、さらに使い勝手が良くなってきている。

アマゾンはネットだけでなく、リアルの店舗も出している。最近は、アマゾンフレッシュ（AmazonFresh）という名で生鮮食品のネットショッピングも進めている。米国ではホールフーズ（Whole Foods）という有力な食品スーパーを買収し、生鮮強化のスピードを上げている。

また、これは5章で述べたが、無人店舗のアマゾン・ゴーの実験も話題になった。スマートフォンで個人を識別し、ＡＩの画像認識技術でお客様の店内での行動を把握。誰が何をいくつ買ったかを認識し、レジでの会計は不要で、店舗を出れば自動的に決済される店舗の実験である。

アマゾンは新しい流通を確立してきている。その特徴は、徹底したお客様志向である。目先の利益や表面的な対策ではなく、時代の変化をつかみ、お客様の立場から長期的視点で、根本的な改革を進めている。当面は利益が出なくても、お客様のニーズに対応するために果敢に新しいことに挑戦してくる。米国はこういった企業への投資に積極的である。

アマゾンは巨大な情報システムを抱えていて、そこから派生したアマゾンウェブサービス（ＡＷＳ）というクラウドサービスみがあたり、大きな利益を上げることにも成功している。ＡＩ流通革命では、アマゾンの動きからは目が離せない。

グーグルはプラットフォーム化を進めている

グーグルはもともと検索エンジンからスタートした企業である。インターネットで情報を探す際、グーグル検索は世界中で使われている。

スマホの基盤となるオペレーティングシステムとして、グーグルのアンドロイドはシェアが高い。それと連動して、グーグル社ジーメール（Gmail）、グーグルマップ（Google Maps）、グーグルフォト（Goole Photo）も一般的に使われている。

ネットショッピングでは、グーグルアナリティクス（Google Analytics）を使った情報分析は不可欠になっている。グーグルアナリティクスを使えば、ショッピングサイトに、いつ誰が、どこの経路から、どうやって入ってきたか、どのページを見たか、どのくらいの時間見たのか、商品をカートに入れたか、最終的に買ったか、支払いはどうしたかといった、ネットショッピングで重要なデータが詳細に分析できる。しかも、無料で利用できる。

ネットショッピングだけでなく、ホームページの分析もできる。多くの企業がグーグルアナリティクスを使って、サイトの分析を行っている。

グーグルは、情報システム化社会でみんなが使う共通基盤となるシステム、いわゆるプラットフォームを築こうとしている。自動運転車にも積極的に取り組んでいる他、スマートスピーカーのグーグルホームを開発し、それぞれの分野でプラットフォームをつくることを目指している。自社で開発したプラットフォーム上で多くの人がシステム化を進め、情報をやりとりするようになれば、より多くのデータが集まるようになる。個人のデータも集まるし、企業のデータも集まる。どこで何が起きているのか、その全体像がわかり、個々のデータのやりとりもわかる。

繰り返しになるが、データを多く持っている企業が、これからの情報システム社会の強者になれるのだ。グーグルはＡＩ流通革命の覇者に、もっとも近い位置にいる企業の一つである。

SNSは入り乱れて、熾烈な戦いとなる

お客様同士が情報を交換するSNS（Social Networking Service《ソーシャル ネットワーキング サービス》）は、情報化社会にとって重要な仕組みである。現在はライン（LINE）、フェイスブック（Facebook）、ツイッター（Twitter）、インスタグラム（Instagram）などがよく利用されており、これらを使って友人とコミュニケーションしている人は多い。それぞれに特徴があり、強いところや弱いところがあるが、いずれにせよ、SNSは生活に欠かせない存在になっている。

買い物にも、SNSは密接に関係している。特にネットショッピングでは、検索エンジンやメールマガジンとともに、SNSは販売促進の基本的なツールである。SNSを通じて商品を売り込めるし、SNSの延長線上でネットショッピングも行われるようになる。IT技術の進化とともに、メールマガジンや検索エンジンは頭打ちになりそうだが、SNSは今後も拡大しそうだ。

ＡＩが進歩すると、スマートフォンの入力は、画面タッチから音声入力に移行するだろう。それにともなってＳＮＳも変化する。ＡＩ流通革命ではＳＮＳと良い関係を持ち、使いこなしたところが有利となるが、現時点では、今後どのＳＮＳが伸びるか予想がつきにくい。新しいＳＮＳも出てくるだろう。

スマホに関しては、アプリの需要が伸びそうだ。自分の好みの小売業や、自分に合った情報が得られやすいアプリは、利用頻度が上がってくるだろう。しかし、気に入らなければ簡単に削除されてしまう。店舗小売業の出店競争と似た面があるが、スマホの限られた画面内で生き残るアプリの競争は激化するだろう。

「アパレルは先行しているが、問題も出てきている」

アパレルはネットショッピングに向かないと思われていたが、このところ利用率が急激に伸びている。返品を自由化したり、サイズ測定を自動化したりと、ネットショッピングのマイナス面をカバーする工夫が功を奏した格好だ。

しかし最近では、アパレルのネットモール全体の売上は伸びていても、モールの個々のブランドでは、売上を減らすところが出てきている。ブランド間の競争が激化し、ディスカウント合戦の様相を呈してきている。当然、ブランドロイヤリティが低いところ、商品力の低いブランドは、売上が低下していく。これからのＡＩ流通革命時代には、ブランド力、商品開発力が重要なのである。

アパレルの中で今後も伸びる可能性があるのは、ユニクロを展開するファーストリテイリングである。ユニクロは日本の店舗小売業の勝者だ。流通構造を革新し、生産段階にまで踏み込み、並みいる大手小売業を押しのけて製造小売業として成功した。

もちろん、今まで成功したからといって将来が安泰である保証はないが、ユニクロはクラウドの活用でグーグルと提携するなど、ＡＩによる流通改革にもっとも熱心な企業であり、大いに期待している。

ユニクロの強さは、まずその革新性にある。情報製造小売業を目指し、新しく開発した有明オフィスを、生産から販売までの全業務を再構築する起点にする計画だ。お客様起点による商品企画、生産、物流、販売を、情報システムで一元管理し、そのスピードと効率を上げていくという。

生産した商品を販売するのでなく、消費者が求めている商品だけを、素早く効率的に生産し、販売するのである。具体的には、お客様個人のサイズ、好みのデザイン、素材の商品を、注文を受けてから10日間で生産し、お届けしようとしている。

このシステムが完成すれば、売れ残ったり、値下げするロスがなくなるし、欲しい商品の「品切れ」も回避できる。ユニクロは、店舗小売業が本来目指すべき、生産から販売までの在り方を目指そうとしているのである。

コンビニが今後も成長するには、革新が必要

コンビニエンスストアは、ここ20年でもっとも成長し、成功した業態である。

コンビニの強さは、商品開発力と店舗での販売力にある。コンビニはオリジナル商品の売上構成比が70％程度あり、ナショナルブランドの価格競争から脱却して、商品の品質競争になっている。

スーパーバイザー機能が強化され、本部からの商品情報、売り込み指示が店舗に伝わり、売場の管理レベルが高い。高い営業利益率に支えられて、情報システムへの投資も活発だ。他の業態を圧倒する店舗数は、商品の受け渡し拠点としても魅力的だし、

店舗の近くにあるお客様の自宅への配送も可能である。

コンビニは無敵で、今後も高い成長を維持しそうに見えるが、本当にそうだろうか？近くて便利を標榜しており、コンビニは自宅からそれなりに近いが、それなりに遠くもある。お客様にすれば、自宅の玄関先まで届けてもらったほうが便利だ。個人宅にも宅配ロッカーの設置が進むと、コンビニの店頭で受け取れる魅力は低下する。

また、コンビニの店舗は面積が狭いため、物流拠点、在庫拠点としても、品揃えの面で不十分さは否めない。惣菜や料理の生産拠点として活用するにも、スペースが不十分である。店舗のバックルームスペースも極限まで削減されているので、余裕がない。スペースの制約は今後の課題となる。コンビニは大きく成長したが、今後さらに成長するには改革が必要となるだろう。

食品スーパーはチャンスが大きい

人間は生きていくために食事が必要だし、おいしさへの欲求は根源的なものだから、食品マーケットは今後も堅調な推移が予想される。そして女性の就業率アップ、高齢化社会、単身世帯の増加といった環境変化は今後も続く。働く女性は時間がないし、高齢者は面倒になるし、単身世帯の自炊は効率が悪いので、家庭での調理を効率化したいというニーズは高まってくる。よって、素材としての生鮮食品の売上は減少するだろう。

調理の効率化に対するニーズは強いが、その一方で、主婦は手抜きとは思われたくないという心理が働く。そこで生鮮食品がセミデリカ化し、半分調理された商品になる。下準備済みの材料がセットされ、調味料もついていれば便利だ。短時間の調理で、おいしい料理ができる。

アメリカでは、料理に必要な材料がセットになったミールキットや、下ごしらえ済みの材量がセットされたレディトゥクック（RTC）、熱を加えるだけでいいレディトゥヒート（RTH）なども登場し、人気だという。こうした商品が、夕飯の支度にちょうどいい時間に宅配されれば、利用者が増えると思われる。

ネットで刺身の注文を受け、店舗で調理して、つくりたてをお客様のお望みの時間に配送できれば、おいしくて便利である。ネットで注文を受けてから調理するので、刺身の素材をお客様個人のお好みに合わせることもできる。廃棄や値下げのロスもなくなる。

日本でも、これからは生鮮食品を素材として売るのでなく、お客様のニーズに合わせて素材の加工度を上げて売っていくことになるだろう。

たとえば、刺身やサラダ、家庭で調理される機会が減っている天ぷらや豚カツ、コロッケなどの揚げ物などは、お客様のニーズが高いと思われる。

ネットで注文を受けて、つくりたてを店舗でお渡ししたり、宅配するのだ。ＡＩ化が進めば、お客様とのネットでのやりとりを通じて、お客様個人の好みに合わせた具材を使って、つくりたてを提供するといったこともできる。

食事に対するお客様のニーズの変化は、食品スーパーにとってリスクでもあり、チャンスでもあるのだ。

食品スーパー、コンビニ、外食産業の戦いはどうなる？

最近は弁当のニーズが高まっており、食品スーパーとコンビニ、外食産業の競争が激化している。外食産業は店舗の経費も、接客の人件費もかかるため、価格が高くなる。食品スーパーができたてを宅配できれば、外食に勝てるチャンスはある。
また、食品スーパーは店舗面積の面で、コンビニよりも有利である。生鮮食品を加工してお客様のニーズに合わせた商品を生産できるし、つくりたての惣菜を提供できる。生鮮や惣菜とグローサリー、雑貨を、まとめてお客様の自宅に配送できれば、物流効率も上がる。

かつて食品スーパーは、コンビニにシェアを奪われてきたが、これからは食品スーパーの巻き返しもあり得る。しかしながら、食品スーパーは対応が遅れている。このままではネット小売業にシェアを奪われかねない。ネットスーパーに取り組んでいる食品スーパーもあるが、利益が出せずに苦しんでいる。食品は単価が安いから、粗利率が低い。利益が出しにくいのは確かである。

しかし、時代が大きく変わるのだ。ビッグデータとＡＩを活用し、物流の改革を進めれば、チャンスがつかめる。マーケティングを強化し、価値を創造し、店舗を拠点として活用すれば、売上が上がり、利益が上がる。ＡＩ流通革命の本命は、食品スーパーであるべきなのだ。

ネットの食品スーパー

食品のネットスーパーでは、利益を上げる企業が出てきた。ネットスーパーの赤字は、宅配経費が高いことが主な原因だ。外部の宅配業者に頼むと1件当たりの配送費が1000円近くかかるので、食品スーパーの客単価、粗利率で利益を出すのは無理がある。1件当たりの配送費を外部に固定的に払うことになるから、お客様が増えてもコストダウンできずに、いつまでも赤字が続く。

この宅配経費を下げるには、自分で物流の仕組みをつくり、効率化するしかない。お客様の自宅に専用宅配ロッカーを設置して再配比率を下げ、梱包資材を回収することがポイントになる。

配送費を月額の会費制にして、宅配が無料になる最低額を下げて、低単価、高頻度にすれば、お客様への配送回数を増やせるし、物流効率が上がる。品揃えや販売促進の魅力を上げて会員数を増やせば、商圏内で多くの会員が集められて、1件当たりの配送経費が250円程度にまで大幅に下げられる。

一方、店舗内では、お客様から受注した商品をピッキングする手間がある。一人のお客様の受注品を、担当者が店内を歩き回って集荷するのは効率が悪い。バックルームに発送エリアを設置し、集荷、梱包、発送作業を集中すれば、作業効率を上げられるだろう。

私がコンサルティングをしている食品スーパーでは、ネットスーパーの黒字化に成功している。配送、梱包作業の効率化、品揃え、販売促進の魅力アップにより、売上も粗利率も上がり、黒字幅がどんどん伸びている。

お客様のネットスーパーへのニーズは高く、売上は2桁以上で伸びており、ネットスーパーの売上構成比が30%以上になる店舗も出てきている。全国の食品スーパーに、このシステムを提供する計画を進めている。

この仕組みをさらに発展させて、画期的なプランを立てている。食品スーパーの店舗周辺に、サテライト的に8坪程度の無人ミニコンビニを配置するのだ。そして、ネットで注文をとり、コンビニの売れ筋商品や、食品スーパーで調理したつくりたての弁当、寿司、惣菜、生鮮食品を販売するのだ。ネットスーパーの配送を利用するので、ミニコンビニもネットスーパーも配送効率が上がる。お買上商品の自動会計登録、決

【これからの食品スーパー】

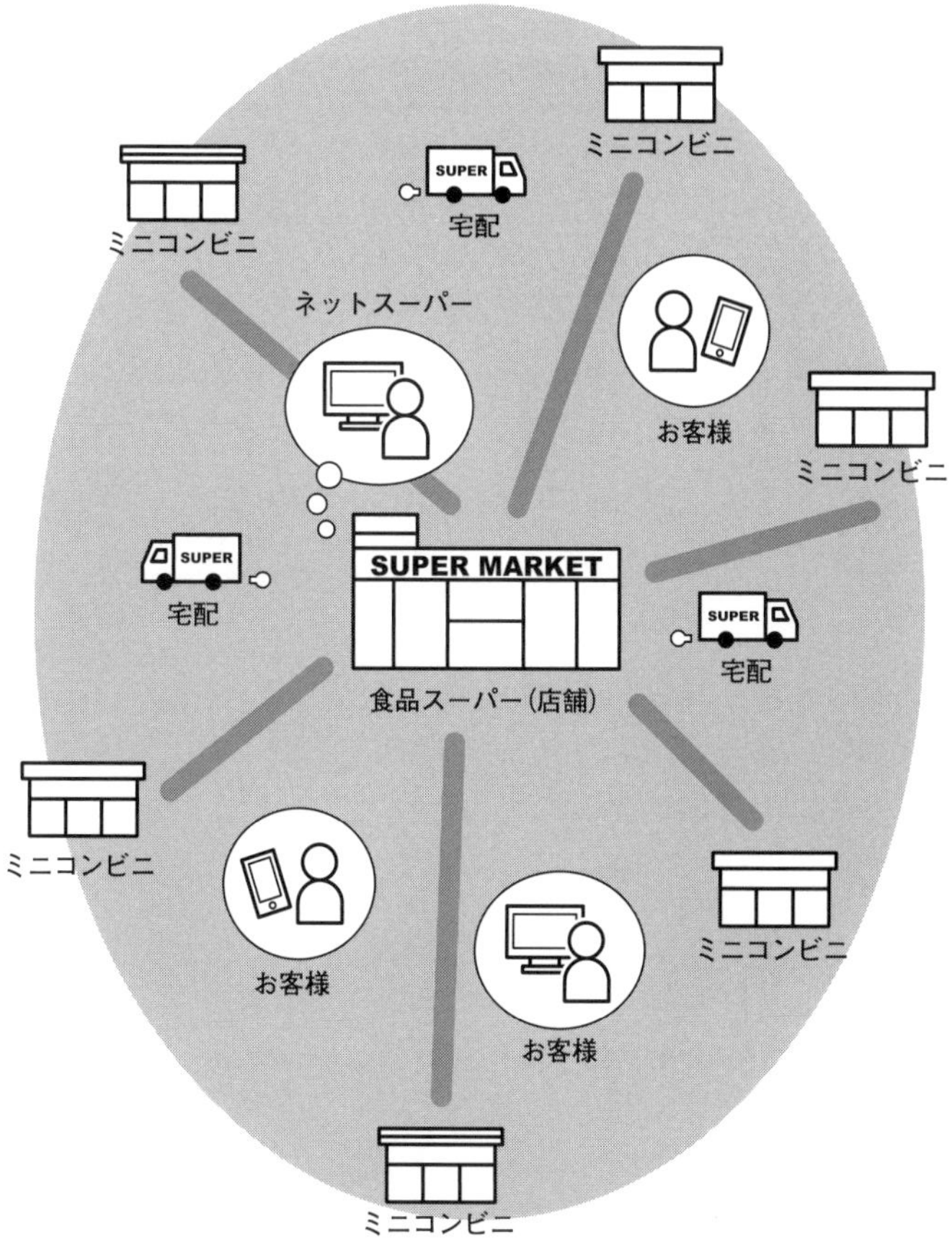

食品スーパーがネットスーパーも展開し､店舗の周辺には無人のミニコンビニを配置する。これらを連携させて、食品スーパーのつくりたての弁当や惣菜、コンビニの売れ筋商品などをネットで販売し、自前の物流で宅配する。これによって、その地域の食品のマーケットを面で押さえることができる。

済の自動化、キャッシュレス化、棚割りの自動作成、発注の自動化も進めている。

水回りのないローコスト店舗で、無人化されたミニコンビニのシステムを確立できれば、人が採用しにくかったり、あまり売上が見込めない立地への出店も可能になるだろう。食品スーパー、ネットスーパー、ミニコンビニが手を結べば、面で商圏を押さえられるから、アマゾンにも勝てる食品流通の仕組みができると考えている。

ドラッグストアは積極的ではないがチャンスは大きい

ドラッグストアが扱う医薬品には販売規制があり、ネット販売のシェアはまだ高くない。社会的に医療費の負担増が問題になっているし、健康関連や美容関連のニーズは高くなっている。医薬品や化粧品、健康食品は、接客して販売することが大事な商品なので、現状では店舗小売業が有利であり、ドラッグストアの業績は堅調である。

一方、同じ薬や健康食品を継続的に服用している人は、定期的に配達されれば便利だし、いつも使っている化粧品も、適度なタイミングで購入を促されれば、購入に至る確率は高い。これらはネットショッピングに向く商品と言える。

今後は規制の緩和が進むことも考えられるので、ドラッグストアのネットショッピングサイトが伸びる可能性は大きい。

百貨店は衰退していく

百貨店は、かつては憧れの小売業であった。百貨店に行くこと自体が楽しみであり、高級品を買うことが満足につながった。しかし、若い人を中心に、物を持つことへの充実感が低下している今、高級品を扱う百貨店での買い物ニーズは低下している。

地方や郊外の百貨店は、郊外型のショッピングモールに集客力で負け、都市部でも駅ビルや路面の専門店にお客様を奪われている。都心のごく一部を除き、百貨店は競争に負けて、閉鎖する店舗が続出している。データ活用力も商品開発力も弱いので、小売業から不動産賃貸業化していかざるを得ない。

百貨店は革新的ではなく、時代変化への対応も不十分である。ネットにも熱心ではなく、高級品のネット販売を行っているが、その売上は微々たるものである。ネットショッピングの拡大とともに、百貨店の閉店は今後も続くであろう。

総合スーパーはもっと危機的

総合スーパーも急成長した時代があった。高度成長期で人々の収入が上がり、物を買いたい欲求が高くなって、多数の商品を揃えた総合スーパーが人気となった。消費をすることで、豊かな社会が実現されていったのである。

しかし、需要の減少とともに、何でもあるけれど、何もない店になってしまった。一度にいろいろな商品が買えるワンストップショッピングがかつては魅力だったが、現在はネットショッピングにその座を奪われつつある。ネットは瞬時に画面を移動でき、さまざまな商品を一度に買える。今までは専門店にお客様を奪われて衰退してきたが、これからはネットショッピングにお客様を奪われるだろう。

総合スーパーは高コスト構造であり、利益を出すのは容易ではない。コトを強化しないと集客力はますます弱まる。米国でも、日本の総合スーパーと似たような店舗の閉店が、恐ろしいほど進んでいる。今後、店舗の売上がさらに減少し、利益が出せなくなれば、企業としての存続が危ぶまれるところも出てくるだろう。

6-02 AI流通革命3.0が社会に与える影響

コモディティ商品は価格競争が激化し、デフレ化が進む

ＡＩ流通革命で、小売業は「ディスカウント志向型」と「価値志向型」に2極化していくだろう。

商品の中には、一般化していて差異化が困難な「コモディティ商品」と呼ばれるものがある。砂糖やサラダ油、ティッシュなどは、その代表だ。こうしたコモディティ商品は、どれを買っても大差がないので、ディスカウント志向が強くなる。ナショナルブランドも商品自体に差別化はないから、結局はディスカウント競争になる。

スマートフォンを使ったネットショッピングでは、価格の比較はとても簡単だ。ス

マホの画面上でいくつかの商品を比較し、一番安いところで購入すればいい。

コモディティ商品は価格競争が激化するため、そこで生き残る企業は限られてくる。ローコストオペレーションができないと、利益が出せない。その点、ネットショッピングは売場管理の販売員がいらないし、レジ担当者も不要だ。店舗コストもかからず、ローコスト化を進めやすい。今後、ＡＩ流通革命が進めば、ネットショッピングにおけるコモディティ商品の構成比は高くなっていくであろう。

コモディティ商品の販売ではローコスト化が強い競争力になる。もっとも大きいのは仕入れ原価の引き下げである。ナショナルブランドの仕入れ原価は、仕入れ量との関係が強いので、大企業のほうが安く仕入れやすいと言える。

物流効率や情報システム効率、間接部門比率なども、大企業のほうが有利だ。たくさんの売場を持ち、数多くのお客様を持ち、大量の商品を仕入れ、大量に物流させることにより、売上が上がり、利益が上がり、競争に勝ち残れる。

この点、店舗小売業は不利だ。店舗小売業は、似たような商品をいくつも取り扱うのは効率が悪い。よって、価格を安くするためにも、コモディティの品揃えは絞り込まれる。

しかし、ナショナルブランド商品を中心に販売していたのでは、極限までの価格競争になるから、営業利益率は高くならないだろう。

コモディティ商品は、販売する業者が数多くいる。もともと価格競争が激しかったが、ネットショッピングの拡大により、さらに価格が低下していく。コモディティ商品はマスマーケットであり、その値下がりにより、デフレ傾向に拍車がかかっていく。

ノンコモディティ商品は価値創造が進む

ノンコモディティ商品とは、個々のお客様のニーズに対応したり、品質にこだわったり、素材、産地、製造方法などで差別化した商品である。価格以外の魅力が必要だ。こうした商品を創造できれば、中規模、小規模小売業でも生き残り、成長することが可能である。店舗小売業も、売場でノンコモディティ商品の良さをアピールできれば、強さを発揮できる。売場でお客様に直接商品を見ていただければアピールできる。セルフ販売なら、陳列やＰＯＰで商品を売り込む売場づくりをする能力や、売り込む接客力も必要になる。

お客様のニーズに合わせて商品を開発し、売場で売り込むことで価値を創造し、単価も上げられる。粗利率も上げやすくなり、営業利益も高くすることが可能だ。食品スーパーの成城石井はこれを実現した。

昨今は情報が広がるスピードが速くなり、ノンコモディティ商品がコモディティ化するスピードも速くなっている。マーケティング力を高め、お客様の新しいニーズを掘り起こすことをどんどんやらないと、ノンコモディティでの売上、利益を維持することが難しくなる。

ここでもビッグデータやAIが活躍するはずである。マーケティング力を高め、商品開発力と売場で売り込む力を高めれば、価格を下げずに売上を伸ばせる。ノンコモディティ商品の価格を下げずに単品大量販売するのが、もっとも利益を出しやすい。

ノンコモディティ商品で、店舗でもネットでも高い営業利益を上げている代表的な企業が無印良品である。

スペシャリティ商品は、尖がった価値を提供する

こだわりが強く、特殊なニーズに対応したスペシャリティ商品は、ネットでの販売に向いている。こういった尖がった商品は、マーケットが小さい。商圏を大きくしにくい店舗小売業より、全国をターゲットにできるネットショッピングサイトのほうが有利だ。

ネットショッピングは距離に不便を感じるということがない。ネットショッピングがもっと利用しやすくなれば、利用者が増加して、マーケットは拡大していくだろう。新しいビジネスチャンスがある分野である。

今後はネットショッピングを中心に、個人の特殊なニーズに対応した、スペシャリティ商品を販売する小売業が成り立っていくだろう。

流通全体の在庫が減り、ロスが減る

ビッグデータとＡＩを使った分析で、店舗小売業の売上予測精度が上がる。それによって品切れが少なくなり、無駄な在庫も減ってくる。広告商品の売上予測精度も上がるから、現在問題となっているような、広告商品が売れ残った滞留在庫は減少する。

生産者は計画生産ができるようになり、過剰在庫は減って物流在庫も適正化される。食品では日別の売上予測のみならず、時間帯別の売上予測ができれば、それに合わせて在庫数や製造数を調整できて、値下げや廃棄のロスを削減できる。

アパレルでは売上予測の精度が低く、生産から店舗納品までに時間がかかるので、見込み生産による大幅な値下げロスが発生しているが、これも減少してくるだろう。ビッグデータやＡＩ活用により、生産改革や物流改革ができれば、商品によっては在庫を抱えずに、受注生産も可能になる。

ネットショッピングは生鮮食品や惣菜、料理を受注してから生産して、配送することが可能だ。店舗での受け取りもできる。よって、在庫は削減され、無駄なロスは発生しない。

買い物弱者が救われる

ＡＩ流通革命により、高齢者や就業女性、子育て世帯、単身者などの買い物弱者は、買い物が楽になる。いつでもどこでも買い物ができるし、商品を好きな場所で、都合のいい時間に受け取れる。

高齢になると、移動が困難になってくる。自宅にいながらネットで買い物ができれば楽だ。ＡＩが普及して音声認識能力が上がれば、パソコンやスマートフォンの面倒な操作も必要なくなる。家でスマートスピーカーに話しかければ、欲しいものを注文できて、支払いも簡単にできるようになる。無人の自動配送車が玄関先まで運んでくれた商品を受け取るだけでいい。

家事を代行したり、介護をするロボットが発達すると、自宅で生活する高齢者も多くなる。高齢者が自宅で生活し、買い物が楽になったり、健康的な食生活になったり、ストレスのない生活が送れれば、長寿化はさらに進む。

また、仕事を持つ女性が買い物をする負担は大きい。料理の時間は節約したいが、手抜きと思われたくない主婦も多い。ＡＩ流通革命で、通勤時間に買い物ができたり、勤務先から帰宅するまでの経路で商品を受け取れるようになれば便利だ。自宅に届けばもっといい。好きな時間にネットで注文し、都合の良い時間に自宅に届けてもらう仕組みは、忙しい就業女性に大きく支持されるだろう。

惣菜やミールキットを利用して、手づくり感のある料理を、つくりたてで簡単に食卓に乗せられれば、豊かな食生活が実現できる。女性の就業率はさらに上がっていくだろう。

育児の負担が大きい子育て世帯も買い物弱者である。ネットで注文でき、宅配してもらえれば便利である。実際、現在のネットショッピング利用者に占める子育て世帯の比率は高い。

そして、単身者は自分で料理をすると効率が悪い。食材の無駄も出やすいし、一人分であっても調理時間はそれなりにかかってしまう。だから外食が増えたりする。しかし、お金もかかるし、栄養面でも偏りがあったりする。

これもAI流通革命で、単身者が買い物しやすくなったり、単身者用のミールキットや惣菜が増えれば、家庭で食事をする機会が増える。自宅で、おいしく、健康にいい、複数メニューの料理が簡単に食べられるようになる。単身者の買い物が便利になり、生活が豊かになると、もしかすると生涯の単身者が今より増えて、少子化がより進むことになるかもしれない。

第7章

AI小売業が飛躍する、四つの変身と一つの不変

7-01 小売業がデータ活用業に変身する

AIでデータを効率的に分析する

小売業が勘と経験で適当に商品を並べていれば、売上と利益が伸びた時代はとっくに終わった。しかし、残念ながら今も変化に対応できていない小売業が多い。

AI流通革命で、小売業は改革のチャンスを迎える。小売業はデータの宝庫だ。POSで店舗ごとの毎日の単品の販売実績が取れる。仕入れデータもあるし、在庫データも計算できる。粗利益も、人やスペース、在庫の生産データも出すことができる。

従来の小売業は、そのデータを十分に活用できていなかった。データ量が多すぎるうえ、分析する人も時間もなかった。商品単価が低いので、手間暇かけて分析しても、経費がかかる割に成果が少なく、効率が悪い。データを分析するのに見合うだけの成果を上げるのが難しかったのである。

それがＡＩによって、効率的に分析できる時代になってきた。膨大なデータを、人手をかけずに低コストで、しかも、効果が上がるような分析が可能になってきている。

売場で入手できるデータもさらに増えてくる。ＡＩを活用し、売場を画像で認識できるようになったので、お客様の店内での購買行動のデータや、商品の陳列状況、従業員の作業状況を画像で認識し、データ化できるようになった。データが多くなっても、これからはＡＩを活用して分析ができるようになる。これからの小売業は情報システムを強化し、データを積極的に活用していくようになるだろう。

店舗とネットから顧客データを取得する

膨大なデータをＡＩにぶち込めば、即、何をすればいいかの答えを出してくれるわけではないが、ＡＩにデータ分析のロジックを教えれば、問題点や機会のありどころを明確にしてくれることはできそうだ。

人間がデータを見続けて分析しなくても、コンピュータに基準となる数値を設定しておけば、自動的に分析してくれて、基準値を上回ったり、下回ったりすればアラートを出してくれる。人手をかけずに問題を発見し、対応策が打てるようになる。

小売業は現場でPDCAを素早く回すことが重要である。AIをツールとして使い、データを分析すれば、何をどこでどう売るかという計画を人間が立てやすくなる。さらに、実行結果のデータを検証することで、次の打ち手を人間が考えやすくなる。

店舗のデータを細かく分析すれば、今までできなかった個店別の品揃えも可能になるし、時間帯別、曜日別での、お客様のニーズに対応した品揃え、売場づくりができるようになる。

今後、小売業はネットショッピングをより強化していくことになるから、そこからも膨大なデータが得られる。小売業は、店舗のデータとネットからのデータの両方を手にするようになる。

小売業は店舗とネットの両方でお客様と直に接するから、お客様のデータを一番豊富に持てる。そのデータを分析することにより、どのお客様が何を求めているかがわかる。それを商品の販売に活かしていくのだが、今まで売っていた商品だけに限らず、さまざまな商品を販売できる。その可能性は無限にある。

店舗でもネットでも、お客様個人を認識できれば、データを活用して、そのお客様のニーズに、きめ細かく、素早く対応し、より良い売場にできる。ＡＩを活用した自動分析で、リアルタイムでの販売促進もできるのだ。

衣料品の嗜好がわかれば、お客様の好みに合うブランドの商品を紹介したり、健康状況に合わせて治療施設を案内したりできる。いつも買っている食品がわかれば、そのお客様が好みそうなレストランを紹介したりもできる。

このようにして、スーパーが家電製品を売ったり、家の改装のニーズに対応したり、金融商品を売ったりすることもできるだろう。小売業はお客様のデータを一番持っている強みを活かして、モノのみならず、生活に関するあらゆる商品を販売するようになっていくのだ。

先にも述べたが、小売業はこれまで、データを十分に活用できた経験がない。かつて情報システムに大きな投資をしたこともあったが、現場で使えるデータが出せなかったトラウマもある。しかし時代は大きく変わった。小売業がデータを活用して店舗の売上・利益が上げられるようになったし、ネットでさまざまな商品を販売できるようにもなっている。これからは情報システムに投資をし、データを使える人材を育成し、データでマネジメントする仕組みをつくっていかなくてはならない。

コンサルタントとして多くの小売業を見ているが、情報システムに消極的であったり、データ活用が苦手であったりする小売業が多い。しかし、それではＡＩ流通革命に乗り遅れる。ＡＩ流通革命により、ＡＩを使ってビッグデータを活用すれば、大きな成果を出せる時代になる。時代の変化に合わせ、データを活用することで飛躍できるのである。

7-02

小売業が商品開発業に変身する

商品開発が高い営業利益をもたらす

従来の小売業は、自分を販売業だと位置づけていて、マーケティングや商品開発は生産者がするものだと思っていた。生産者がマーケティングをし、開発、生産した商品を、小売業は販売するのが役割だと考えてきた。しかし、それではＡＩ流通革命時代を生き残れない。

小売業は商品開発をしてこなかったから、営業利益率が低いのである。他店と同じメーカーがつくった商品を売っているだけでは、利益は出なくなる。

これからの店舗小売業は、データを活用して製造小売業になり、商品開発を強化し、高い営業利益を達成する企業が増えてくるだろう。

今の時代は、何をどう売ったらどのくらい売れるのかが予想しにくい時代になっている。いくら調査をし、分析しても、当たらない。商品開発も、「売れる」と思ったものが売れなかったり、思わぬものが売れたりする。

こういう時代には、「売れる」と思ったものを実際に売ってみて、その結果をデータで検証し、改良していくのが一番いい方法なのである。

小売業は、実際に販売する現場を持っている。メーカーが喉から手が出るほど欲しい〝現場で商品を売ってみた結果〟のビッグデータを、一番収集しやすい位置にいるのだ。そうして集めたビッグデータは、ＡＩで分析できる。

これからは、分析中心のマーケティングではなく、ＰＤＣＡを回すプロセス的マーケティングが主流になってくる。小売業はデータを活用して、現場でＰＤＣＡを回すプロセス重視のマーケティングを実践する中で、商品開発業となっていく。つまり、商品開発をして販売する、製造小売業になるのである。

ユニクロや無印良品はＳＰＡと言われる製造小売業であり、高い営業利益率を誇っている。私も成城石井で商品開発を強化し、営業利益率を大幅に高めることができた。

小売業は低い営業利益率に苦しんでいるが、商品開発力が強化されると、明るい道が開けてくる。製造小売業と言っても、製造工場を持つということではない。商品を企画し、原材料を手配し、最適な工場を見つけて生産を委託し、製造した商品を全品仕入れて、売り切るのである。お客様はどんな商品を求めているのか、どんな不満があるのか。小売業は、お客様に一番近い位置にいるメリットを活かして、お客様と連携しながら商品を開発する仕組みをつくることができる。

多くのお客様の声を組織化して聞くところからはじまり、実際に家庭で使っていただいて意見をモニターしたり、売れそうだと思ったら、売場を持っている利点を活かして、実験的に販売してみる。さらに、その結果をデータで検証し、商品を改良していく。こうして、お客様と一体化しながら商品開発を進める手法を確立していくのだ。

実際に購買してくださるお客様がいて、売場での販売データがあれば、多くの情報が取れるから、それをＡＩで分析できる。小売業がこのプロセスの中で、お客様のニーズに合った商品を開発することができるようになっていく。ＡＩ流通革命時代の小売業にとって、商品開発力が生命線となってくるだろう。

小売業がチーム・マーチャンダイジングのまとめ役に

小売業が手掛ける商品開発で重要なことは、それぞれの取引先の強みを活かして、「質の高い商品を効率的に開発する」ことである。原材料の情報や生産技術は、生産者が一番よく知っている。価値を創造するには、生産の技術革新も必要になる。

現実には、生産者によって得意、不得意がある。それぞれの生産者の強い具材を組み合せて商品化することで、商品の質を上げられる。製造管理力や容器、パッケージなども、それぞれの取引先の強みを活かしていく。これを実行するのが小売業である。セブン&アイではこれをチーム・マーチャンダイジングと呼び、商品開発の基本としている。お客様の立場に立ち、どんな商品を開発したらいいかを考え、売場での実験を繰り返しながら、その結果のデータを検証し、商品開発に反映していく。

こうしたデータ検証も、ＡＩによって効率的にできるようになるだろう。小売業がまとめ役となり、いろいろな生産者と情報を共有し、売場を使って仮説検証を繰り返し、お客様のためにより良い商品開発を進めていくのである。

【これまでの小売業】

メーカーが製造して納品した商品を、小売が荷受けして品出しし、店頭でお客様に販売。販売データは活用されていない。

【これからの小売業】

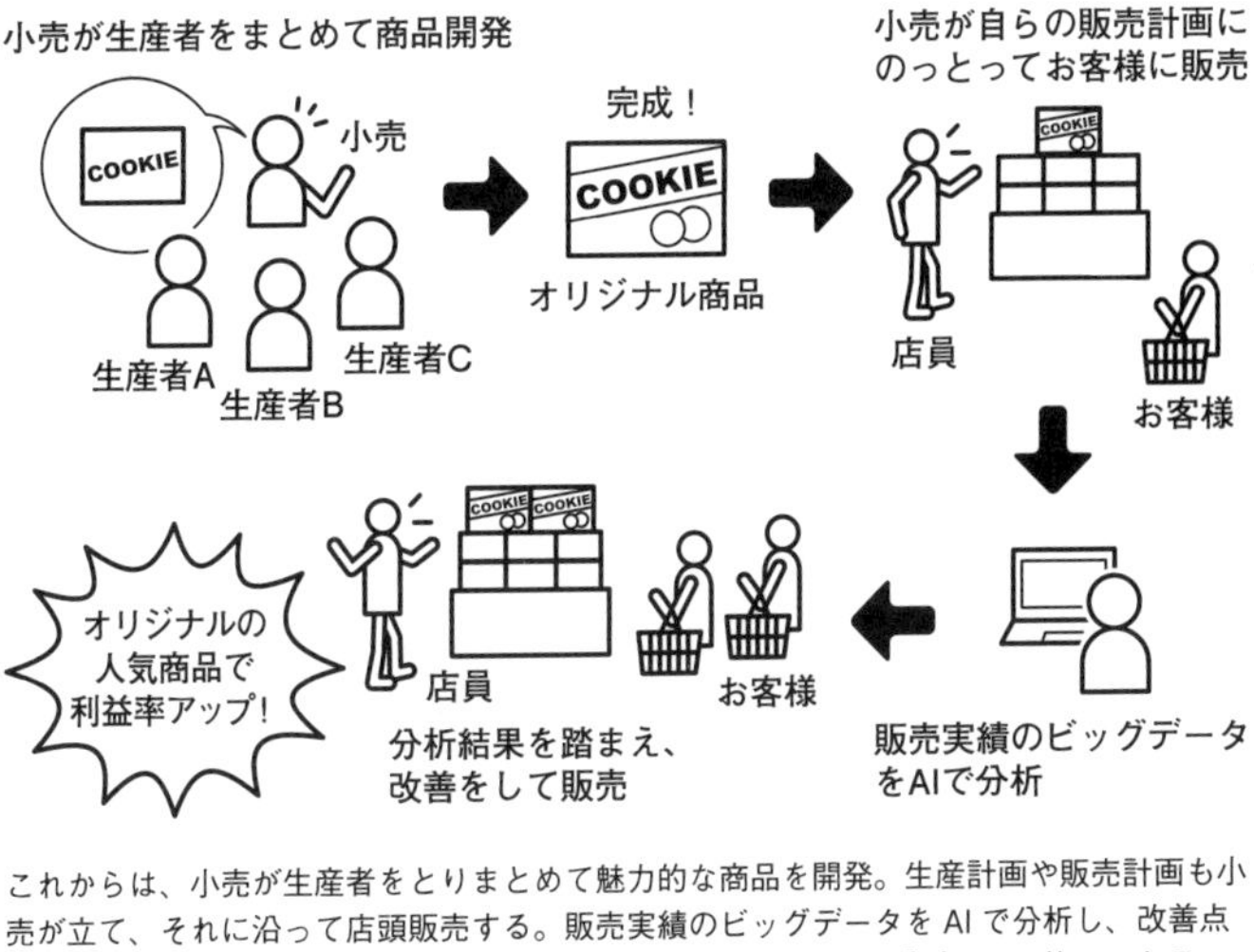

これからは、小売が生産者をとりまとめて魅力的な商品を開発。生産計画や販売計画も小売が立て、それに沿って店頭販売する。販売実績のビッグデータを AI で分析し、改善点があれば改善して、再度店頭に並べる。この PDCA を繰り返す「プロセス的マーケティング」によって、オリジナルの人気商品を開発する。

7-03 小売業が物流業に変身する

小売業が物流を効率化する

「物流は、小売業の仕事の範囲外」だと考えているとしたら、ＡＩ流通革命では大きな判断ミスとなる。これまでの日本の小売業では、取引先が店舗まで商品を物流することが多かったし、お客様が店舗に来店して商品を持ち帰ったから、そういう意識になっている。

しかし、小売業の仕入れ価格には、目に見えないが物流費が含まれている。この物流費は想像以上に大きい。目に見えないから、物流は暗黒大陸だとも言われている。データの把握もできておらず、よくわからないから物流費を取引先に負担させて、結局は「取引先任せ」にしてきた。それで、粗利率を上げるには、物流費の効率化が重要だという意識が生まれなかったのだ。

ＡＩ流通革命で物流費のデータが把握できるようになると、物流コストの見える化ができる。その負担の大きさが理解できれば、「小売業が物流業である」という認識が浸透するだろう。

小売業が物流業になると言っても、必ずしもトラックを自社で所有して商品を運ばなくてはならないわけではない。小売業が物流費に対して責任を持ち、効率化するのが重要だということだ。

まず、物流費をガラス張りにして、どこにどんな経費がかかっているのかをビッグデータとして把握する。それをＡＩで分析し、どうすれば経費を削減できるかと考えていけば、物流コストをもっと引き下げられる。

物流は小売業の店舗作業との関連も深い。店舗での荷受け、品出し作業には、人件費の半分近くがかかっていたりする。

物流の在り方で店舗作業の効率化はできる。店舗の荷受け、品出し作業にかかる人件費も含めた物流費の効率化は、小売業の責任になる。小売業が、産地、製造現場からどう物流し、在庫し、どう店舗に納入するか。物流センターも含めて、全体を効率化するのである。これもビッグデータとＡＩの活用で可能になる。ＡＩ流通革命によって、小売業が物流に責任を持つようになり、「物流業」という意識を持つようになるのだ。

今後、惣菜や生鮮食品を含む食品は、ネットショッピングでの売上が伸びてくることが予想される。食品スーパーなどの店舗で製造された、できたての惣菜や生鮮食品をお客様の手元に配送できれば、お客様のニーズは高まる。食品のネットスーパーは、小売業が自分でトラックを所有し、従業員がお客様まで配送することが重要になってくるだろう。小売業が自分で物流を行う「物流業化」も進むと思われる。

食品スーパーがネットスーパーも展開し、店舗の周辺にミニコンビニをサテライト店として配置し、ネットで販売した商品を宅配する仕組みをつくり上げれば、店舗周辺の食品マーケットを面で押さえられるという構想がある。これなら店舗にあるグローサリーやデイリー食品、日用雑貨なども一緒に配達できる。しかし、その実現には、自分で物流網を持つ必要がある。

ネットスーパーで、物流を外部に委託している小売業は、物流費の負担が大きく、赤字で苦しんでいる。自分で配送しない限り、黒字化は難しい。しかし、難しいからこそ自前で物流網が構築できれば、競合他社を圧倒する有利性を確立できる。

物流網ができ、小売業の自社配達員が配送するようになると、お客様と自宅での接点ができるようになる。いわゆる「御用聞き」である。お客様にとって、御用聞きは便利だ。お客様の自宅でそのニーズを聞くことができれば、自店で販売している以外のさまざまな商品を売るチャンスが拡大する。

小売業が自前でお客様の自宅までの物流を担い、物流業になることで、小売業の扱い商品が大きく拡大するのである。

7-04 小売業が流通のリーダーに変身する

小売業が流通業界全体の効率化を図る

第４次産業革命が進んでいる。ＡＩ流通革命３・０も、それに連動して進んでいく。第４次産業革命をわかりやすく言うと、生産、物流、販売などが情報を共有し、効率的にモノを生産し、物流し、販売できる仕組みをつくり上げることである。ＡＩ流通革命も同じところを目指そうとしている。

今後は、小売業がデータ活用業になり、商品開発業になり、物流業になってゆき、流通全体のリーダーとなっていくだろう。そのためには流通業全体で情報を共有することが、今後の大きな課題となる。なかでも一番重要なのが、販売実績の情報だ。小売業は販売実績データを持っているから、リーダーになるべきなのである。

小売業が流通全体のリーダーとなって実現すべきことは、生産効率、物流効率、在庫効率を上げることである。

ＡＩとビッグデータで第４次産業革命が進み、小売業と物流業者、生産者がリアルタイムの情報でつながり、情報を共有するようになる。同時に、生産から物流、販売までが、トータルで効率化されていくであろう。

小売業はデータを積極的に開示すべき

これまではメーカー中心の流通構造であり、小売業は川下とか末端と位置づけられてきた。しかし、ＡＩ流通革命により、これからは小売業がリーダーとなって、「お客様中心」の流通構造になっていく。

小売業は販売現場を持っているから、販売計画を立てて実行し、結果を分析できる。小売業が売場計画、販売計画を取引先に開示し、それに合わせて取引先に生産、物流、在庫計画を立ててもらう。そして販売実績データを取引先と共有し、計画と実績の差に応じて、生産、物流、在庫計画を修正してもらうのだ。小売業はリアルタイムで販売実績データが得られるから、情報の発信は小売業が行うべきなのである。

対応に限界があるのなら、事前の計画を当初計画の60%~80%にしておき、実績に応じてストップしたり、追加したりできる仕組みをつくっておく。ここにもビッグデータが発生するので、AIの活用によって問題点を見つけたり、対応策を提案したりすることになる。

AIで今後の売上を予測する精度が上がれば、生産計画、物流計画、在庫計画を立てやすくなる。修正もしやすくなり、無駄がなくなり、効率が上がる。売上予測の精度を上げることも、小売業の重要な役割となる。

従来、小売業は情報の公開に消極的であり、自分の都合を押しつけるばかりで、流通全体の効率化が進まないことも多かった。これからは小売業が率先して、販売計画やリアルタイムでの販売情報をオープンにしていくべきだ。それらのデータをAIで分析することにより、生産、物流、在庫が効率化され、流通構造全体の効率化が達成されるのである。

7-05

小売業が「人間産業」であることは変わらない

お客様に買い物を楽しんでいただくことが重要

ＡＩ流通革命で、小売業の情報システム化、自動化が進み、小売業の店舗が無機質になったり、小売業の仕事が機械的になるかと思われるかもしれないが、そうなってはいけないと考えている。

小売業はお客様に喜んでいただくのが目的である。いろいろな業態があり、いろいろな商品を売っているが、この「お客様に喜んでいただく」という目的は共通している。店舗小売業でも、ネット小売業でも同じだ。

ビッグデータを収集し、ＡＩで分析していくが、それはあくまでツールである。そのツールを使って、「何をどう売れば、お客様に喜んでいただけるか」と考えるのは、人間の役割だ。お客様は人間であり、人間であるお客様に喜んでいただくにはどうしたらいいかを、人間が考えるのである。小売業はそこを目指している産業なのである。

お客様は店舗で、自分が欲しい商品を、より便利に買いたいし、楽しく買いたいはずだ。ネットショッピングで、スマホで商品を選択していただくときも、効率化とともに人間であるお客様に喜んでいただく工夫を考えていく。人が接しなくても、喜んでいただくことはできる。

ネットで商品を購入し、物流方法を決め、決済し、終了する中でも、お客様に喜びを感じていただくことを忘れない。商品をお届けするときにも同様であるし、人が直接お客様と接する機会があるなら、その機会を逃してはならない。買い物をして良かった、楽しかった、満足したとお客様に感じていただくことが重要なのである。

小売業は本来、楽しい仕事である。特に、直接お客様に喜んでいただける現場での仕事は楽しい。人は一人では生きていけない。いろいろな人に支えられている。人と接する中で、感謝や思いやりの気持ちを持って生きていくことは、幸せな生き方だと思う。小売業には、信頼と誠実さが必要である。誠実な気持ちを持って働き、信頼していただくことが小売業の基本である。感謝の気持ちを持ち、思いやりを持って、人間であるお客様に喜んでいただくのが小売業の仕事だ。働く人間として、人間味を活かせるという意味でも人間産業なのである。

ビッグデータやＡＩを活用してお客様のニーズに合った商品を開発し、お客様に合わせた売り方をすることも大切だが、店舗での買い物が楽しいことは、今後、ますます価値を増す。お客様と販売員のやりとりで買い物の楽しさが感じられ、ライブ感やエンターテインメントが感じられる人間的な店舗は、人気になるだろう。

小売業の発展は人材育成にかかっている

現在の小売業は人材が大きな問題となっている。採用難と高退職率である。小売業は本来、面白い仕事であり、誇りを持てる仕事である。人と人が接し、人間らしく働くことは楽しい。お客様に喜んでいただくために売場や商品を創造したり、自分で考えて実行することは楽しいことである。

「どうしたらお客様に喜んでいただけるか」を考えるのは人間である。小売業はそれができる人材を育てていかなくてはならない。

さらに、これからの時代においては、データが分析できる人、創造力を持ってお客様のニーズに合った商品を開発できる人、商品の良さをアピールして売場で計画的に売り込むことができる人を育てなければならない。

小売業が発展するかどうかは、最終的には人が育つかどうかにかかっている。ＡＩ流通革命で、小売業はより楽しく仕事ができる環境になる。採用で人気の職業となり、退職率が下がったときに、小売業が飛躍するのである。

第8章

小売業が今やっておくべき10か条

8-01

ビッグデータを蓄積し、データ分析力を強化する

蓄積したデータを分析し、品揃えを実験する

ＡＩ流通革命３・０時代を迎えるにあたって、小売業がやっておかなければならないことは、とにかく生データを溜めておくことである。加工、集計されたデータは使いにくい。トランザクションデータと言われる生データをそのまま保存しておくことが重要だ。データを保存するコストは、以前から比べると桁違いに安くなった。

今後、小売業が勝ち残るには、ビッグデータの分析力が重要になってくる。どの企業でも、少なくともＰＯＳデータはあるだろうから、ＰＯＳデータを分析し、活用するところからはじめていく。ＰＯＳデータを分析すると、店舗別、時間帯別に売れる

商品が違うことがわかるはずだ。分析結果から、実験的にでもいいから店舗別、時間帯別の品揃えを実行していくのだ。

グローサリー、日配の個店別棚割りは、棚割りシステムを登録し、ＰＯＳデータで分析し、死に筋商品のカットや売れ筋商品のフェイス拡大を行う。

回帰分析程度の軽いＡＩで、自動発注につながる売上予測をすれば、品切れや過剰在庫の削減になるし、ＡＩの研究にもなる。

惣菜で、製造数、製造時間、作業割り当てにつながる時間帯別の売上予測を行えば、朝に製造した商品が夕方まで並んでいたり、売れ筋商品がピーク時間に品切れしたりするのを防げるし、値下げや廃棄ロスも減らすことができる。データを分析して、売場を改善し、成果を上げることは、今でもできるはずである。

8-02 お客様とのネットコミュニケーションを増やす

ホームページを強化する

ほとんどの小売業がホームページ（ウェブサイト）を持っていると思う。ホームページは、今後、さらに重要になるので、今から強化しておくといい。店舗販売に関して、お客様の来店回数を増やす方法、商品の情報提供、販売促進の情報提供をどうしていくかを考えて、ホームページを使って実行していくのだ。

ホームページへの来訪回数を増やす方法の研究も必要である。SEO（66ページ参照）によりホームページへの訪問回数は増やせるはずだ。グーグルアナリティクスを使えば、閲覧者がどこから来たのか、どのページを見たか、何ページを何分見たか、

※3）**プッシュ通知**：ユーザーに向けて、システム側から情報を知らせる方式。スマホのアプリからの「お知らせ」などがこれにあたる。

どこで離脱したのかといったデータが詳細にわかる。そうしたデータを元に、打ち手を考え、実行し、その結果をさらに検証する。こうした仮説検証を繰り返すことで、ホームページへのアクセス数を徐々に伸ばしていくことが可能である。

ネットを通じた会員数を増やし、その活用方法を研究することも重要だ。

たとえばメール会員を増やし、メールマガジンを送信して、どういったメールの開封率が高いかを調べ、ホームページの訪問につながるように工夫をする。あるいは、SNSを利用してショッピングサイトへ誘導したり、アプリを開発して利用者を増やす、また利用者に向けてアプリからプッシュ通知(※3)を行うなど、やるべきことは山ほどある。

ネットショッピングが拡大すると、実店舗を何店持っているかではなく、「何人のお客様とネットでつながっているか」が売上を決めるようになる。

8-03

ネットショッピングを研究し、着手する

店舗とネットサイトの相乗効果を狙う

将来、店舗小売業がネットショッピングサイトを活用することは、当たり前の時代になる。ネットはすでに生活の基本インフラになり、日常的にネットショッピングは利用されている。これからは、ネットショッピングに対応できないことが不利になる。

店舗とネットのショッピングサイトが融合し、ネットで店舗商品の注文を受けて宅配したり、ネットで購入していただいて決済を済ませ、店舗で受け取っていただく。また、店舗で実物を見たり、試着や試食をして、そこで購買した商品を、自宅へ配送することも増えていくだろう。

現在はギフトだけをネットで販売している小売業も多い。その延長線上にネットショッピングがある。取り扱い商品を拡大し、ネットの会員数も増やして、データを分析できるようにしていきたい。

食品は、物流コストの負担が大きかったり、商品単価や粗利率がネックとなって、ネット販売では利益が上げにくいのが現状だが、利益を上げているネットスーパーも出てきた。そろそろ導入に向けての実験をする時期である。

システム開発、会員の募集、受注した商品のピッキング、物流などの基本的な事項をどうするか。ネットサイトの商品の品揃え、見せ方、販売促進、商品の選びやすさ、サイトの使いやすさ、楽しさなど、研究すべき課題は山積みである。タイミングを見計らって戦略的に進めていかないと、先に着手した企業に追いつけないほどの差をつけられてしまう。

8-04

「コト」を販売する店舗を開発する

お客様が来たくなる店舗をつくる

店舗とネットが融合するとしても、店舗でしかできない「コト」には力を入れるべきだ。お客様が来店したくなるような店舗にしたい。にぎわいを感じたり、ふれ合いができる売場の演出、実演などのライブ感、イベントなどのエンターテインメント性、コミュニティーとの連携などがポイントになる。古びていて、ダサい店舗には来店しない。外観をスタイリッシュに、内装をオシャレにしたい。

売場の従業員の接客は、重要な戦力である。対面での接客や、売場での声がけで、食品をすすめられたり、ファッションのアドバイスをされたりして、人と人とのふれ合いを感じ、親しみを感じながらショッピングすることは、楽しい買い物体験となる。売場でのにぎやかさや楽しさの演出があれば、お客様は気持ちが盛り上がり、購買意欲が盛り上がる。

目の前で作業したり、調理を見たりできる実演販売、試食、試飲なども購買を促進する。店舗とお客様の一体感が生まれる。双方の距離が近づき、親しみが生まれ、商品の購買につながる。

食品の販売とレストランが一体化した「グローサラント」が世界中で人気となり、日本でも進んできている。

イタリアから出発したイータリーが有名であるが、売場で販売している惣菜などの食品は併設されたレストランで食べることができ、レストランで供される料理の素材は、併設の食品売場で購入できる。

「コト」を強化し、楽しく買い物ができるリアル店舗と、便利に買い物ができるネットショップが融合して、お客様に満足していただける小売業になれるのである。

8-05

PDCAを習慣化し、売場でお客様のニーズに対応する

お客様の立場で売り場を改善する

小売業は個々の店舗の売場で、お客様ニーズに対応していくべきである。お客様のニーズが見つけにくい時代であるから、売ってみて結果を検証するのが一番早くて正確である。個々の店舗の売場の人が、自分の店舗のお客様にはどんなニーズがあるかを考え、売場計画を立て、実行し、その結果をデータで分析して検証する。うまくいったらもっとやる。うまくいかなければ次の打ち手を考えるPDCAのサイクルを回していく。これは、すぐにでも実行できる。

お客様志向と言いながら、現実は価格を安くすることばかりに熱心で、お客様の立

場から考えることは弱かった。店舗は本部指示を待ち、自分で考えることをしてこなかった。ＰＤＣＡを回す仕事の癖をつける必要がある。

自分で考えて実行することは楽しいし、計画と実績の差をデータで分析することは、それほど難しくない。今後、ビッグデータが得られるようになるが、その前に今あるデータでＰＤＣＡを回さないと、ビッグデータも活用できない。

ＰＤＣＡを回す仕事の仕方ができるようになり、将来、ビッグデータが得られ、ＡＩが活用できるようになると、さらにきめ細かく、素早く、お客様のニーズに合った売場にすることができる。ＡＩがすべてを決めてくれるのではない。売場の人が自分で考えて実行し、ビッグデータを収集し、ＡＩを活用して、お客様の個々のニーズにきめ細かく対応することができるのである。

8-06 生産段階にまで踏み込み、商品開発力を強化する

オリジナル商品が利益を生み出す

どの小売業も売場で同じ商品を並べていては、価格競争になり、利益は出ない。オリジナルの商品を開発し、販売することにより利益が出せるようになる。小売業は「販売業」から、「製造小売業」になっていくのがＡＩ流通革命で目指すべき方向だ。ディスカウント合戦から抜け出すには、小売も商品開発力を強化しなければならない。

小売業は、お客様に一番近く、データが取れる。その強みを活かし、売場でＰＤＣＡを回すプロセス的マーケティングで商品を開発していくのである。生産段階にまで踏み込み、原材料や生産技術の情報を把握し、生産、物流、在庫を適正化して

いく。小売業が意思決定をし、リスクを負い、生産者に商品をつくってもらって、できた商品を買い取り、売り切っていく。

こういうことができる人材の育成は、一朝一夕ではできない。長期的な目標を持ち、計画的に、継続して人を育成していく。これができれば高い利益が得られる。

小売業がすべてを自分でやる必要はない。小売業がリーダーとなり、それぞれの生産者の強さを組み合わせて、お客様のニーズに合った商品を開発していく。いくつかの企業をチームにまとめて、最適な商品を、最適な生産者の工場で生産し、販売していく。一つの生産者ではできないことを、小売業が中心になって実現していくのである。

これもそう容易なことではない。しかし、進んだ小売業は、すでにこの方向を強化してきている。単なる販売業から脱皮しなくてはならない。

8-07 店舗の「拠点機能」を見直す

物流機能を強化する

店舗とネットの融合が進むと、店舗は、商品を並べて販売するだけの場所ではなくなってくる。お客様はネットで買った商品を、店舗で受け取るケースも出てくる。店舗は、「受け取り拠点」にもなるのである。

店舗は、お客様がネットで購買した商品を、お届けするまで在庫管理しておく「在庫拠点」ともなるし、惣菜や生鮮商品なら、お届けする商品の「製造拠点」ともなるだろう。

それ以上に、店舗は「物流拠点」としての機能が重要になる。店舗はお客様の近くにあって、商品も在庫してあるし、惣菜、生鮮商品の製造もできるから、物流拠点として最適なのである。

たとえば食品スーパーなら、ネットスーパーで販売した商品を、店舗在庫からお届けしたり、店舗で製造した商品をお届けできれば、つくりたてが物流できる。そのためには、店舗からお客様の自宅までの物流機能を整える必要がある。

物流を外部に委託すると赤字になる。ネットスーパーの売上が増えていっても、物流を外部に委託している限り、効率化はできない。物流は自前でやるべきである。

自分で物流すれば、宅配したときにお客様との接点ができるから、お客様の御用聞きができて、それによって販売する商品は無限に広がる。人が足りないとか、管理が難しいといったレベルの話でなく、食品スーパーの生存にかかわる問題として、物流機能強化に取り組んで欲しい。

8-08

チラシを撒くのをやめる

チラシより、ネットを活用した販促にシフト

チラシの効果は少なくなっている。若い人は新聞をとっていない。専業主婦が減り、チラシを撒いても客数が増えず、低単価商品の売上が上がり、客単価が下がる。

チラシにはデメリットが多い。バイヤーがチラシ商品の商談に時間をとられて、商品開発にかける時間がなくなるし、店舗はチラシ対応の作業が増え、チラシ商品の在庫処分が負担になる。

これからは、チラシ集客からネット集客に移行すべきだ。最近、私がコンサルティングしている食品スーパーでは、チラシをやめて、売上、粗利益が上がる例が続出し

ている。

これからの小売業は、チラシをやめ、商品開発を強化し、重点商品を売り込む売場をつくり、店舗作業を効率化するべきである。チラシから脱却できないようでは、革新はおぼつかない。

ネットでの集客、販売促進は、基本的には1to1である。個々のお客様に直接つながるから、そのお客様に合った販売促進ができる。購買履歴、購買行動のデータがあれば、お客様の嗜好がわかる。今までのマス広告とは質的に違い、効率も大きい。

スマートフォンを持っているお客様には、リアル店舗内でお客様の好みに合った販促をリアルタイムで行うこともできる。これこそビッグデータとAIの活用である。

ネットなら商品の説明がじっくりできるから、こだわり商品を売り込みやすい。SNSを利用した販促の効果があることもわかってきている。いろいろ試してみて、ノウハウを蓄積していくのだ。

8-09

社員教育を強化する

個人別に能力を把握し、Eラーニングで教育する

人の成長によって企業は成長する。ＡＩ流通革命で小売業が革新し、大きく成長するには従業員の教育が必要だ。

教育の基本3本柱として、お客様に感謝の気持ちを持ち、誇りを持って楽しく働けるような心の教育や、現場作業のレベルアップを図る技術教育、日常業務を実行するためのマネジメント教育は引き続き重要である。

ビッグデータやＡＩはツールなので、自分で考え計画を立てて行動できる人材や、創造力のある人材を育成する教育も必要になる。

※4）**ヒューマンリソース（HR）テック**：AIやビッグデータ、クラウドなどの活用により、人事業務の効率化と質の向上が実現できるとされる。その技術。

お客様のニーズを見つけるためにはお客様の心理を読むことが求められるので、心理学の教育も必要になりそうだ。

ビッグデータやＡＩの活用のために、情報システムの進歩を理解し、活用できる人材も育成しなければならない。現在の小売業はまだまだデータの活用が弱いので、数字に強く、データを自在に扱える人材の育成は急務である。

ヒューマンリソーステック（※４）で、ＡＩを活用することにより、個人別のきめ細かな教育が可能になるが、その前にできることはすぐにやっていく。

従業員個人別に、何ができて何ができないか、その実態を把握し、その理解度に合わせて個人向けの教育計画を立て、Ｅラーニングなどを活用して教育を実行し、さらにその理解度を個人別に検証し、それに合わせて、教育計画を修正する。「小売業は人間産業」と言いながら、実際には、これまで教育に十分な時間もコストもかけてこなかった。教育の強化は小売業の重要課題であり、根本的な死活問題なのである。

8-10 採用を強化し、退職率を下げる

創造力、計画力、データ活用のできる人を採用

小売業は今、人手不足が大きな問題となっている。働く職場として人気がないため、採用が困難になり、退職率が上がっている。採用数を増やそうと時給を上げても、思うように採用できない。これでは流通改革など不可能である。

まず、根本的な課題として、既存の従業員が楽しく働けるようにするところからはじめるべきである。

本来、小売業の売場での仕事は楽しい。売場のどこで、何を売るかを自分で考え、実行に移すことができる。自分で考えて実行し、目標を達成できれば充実感がある。

良い商品を、お客様にその良さをアピールして売り込めば、喜んでいただけ、仕事がどんどん楽しくなる。

このようなプラスの連鎖が生まれる職場なら、退職率は下がってくる。まず既存社員の退職率を下げ、採用時にはこの仕事の楽しさ、やりがい、自身の成長機会をアピールしてその数を増やしていく。

採用ができないからと外部委託や外国人に頼るのでなく、これからの小売業に必要な創造力、計画力があって、データ活用ができる人を採用するのである。

退職率を下げ、採用を増やし、人材を確保し、会社を成長させていく。ＡＩ流通革命で目指すべき方向を見据えて、それに合った人材を採用し、教育することで、革命が実行できるのである。

おわりに

ＡＩ流通革命の変化の方向が、少しずつ見えてきた。これから流通構造が歴史的な変化を起こす。メーカー中心の流通から小売業中心の流通になり、そして今、お客様中心の流通へと革命が起こりつつある。まさに「ＡＩ流通革命３・０」である。

今後は、生産から販売までの流通構造全体が、お客様中心の流通になるということだ。

お客様を中心に仮説検証を繰り返して、潜在的なニーズを掘り起こし、そこから商品が開発されるようになる。お客様中心に商品が物流され、在庫される。お客様中心に商品がプロモーションされる。お客様中心に、お客様が欲しい商品をもっとも買いやすい方法で選択できるようにし、お客様中心に、いつでもどこでもお客様のお望みの場所で、その商品が受け取れるようになる。

ＡＩやビッグデータを活用した流通革命により、これまでお客様のニーズの変化にきめ細かく対応できていなかったことが、できるようになる。お客様のニーズの変化に、素早く正確に対応できるようになるのだ。

こうした流通革命によって、小売業の役割も変わってくる。小売業はお客様のもっとも近くにいるのだから、その役割はより重要になる。お客様のニーズが一番早く、正確にわかるのが小売業だから、小売業が商品を開発して、販売するようになる。生産から販売までのリーダーとなるのだ。お客様により多く接するために、物流も自前で担う。

そして、小売業がもっとも多くデータを持てるから、小売業がデータを活用する。膨大な量のビッグデータとなるが、ＡＩでそれが活用できるようになる。楽しみな時代になってきた。

しかし、これを実現するのは容易なことではない。データを収集する、データの分析力を上げる、ネットを使いこなし、活用する。ＰＤＣＡを回す癖をつけ、マーケティングができるようにする。これらの実現には、それなりのスキルが求められる。そして何より、これらができる人を育てなくてはならない。

だが、これは大きなチャンスである。問題が山積しているが、小売業はこれを乗り越えて欲しい。経営者が改革のリーダーとなり、従業員みんなで力を合わせて、この課題を乗り越えた時に、小売業は大きく飛躍するのである。

この本が出版できたのは、多くの方のお陰である。小売業のコンサルティングを通して、現場の実態を多数学ぶことができた。私が創業したリテイルサイエンス社があったことも幸運であった。

本書の作成には、プレーンテキスト社の鹿野恵子代表、ビジネス社の方に大変お世話になった。

セブン&アイ・ホールディングスの伊藤雅俊名誉会長、鈴木敏文名誉顧問から学んだことが私の基盤になっている。一緒に経営改革の仕事をさせていただいている、スーパーサンシの高倉護会長、高倉照和顧問をはじめとする小売業の経営者の方、フランチャイズアドバンテージの田嶋雅美社長、アースアイズの山内三郎社長、商人舎の結城義晴社長には、感謝すると同時に、これからも協力し合って、さらなる改革を進めていければと願っている。

リテイルサイエンス社がここまで成長できたのは社員の努力の結果であり、感謝すると同時に、今後もみんなで力を合わせて、ますます成長する会社を目指していきたい。

家族にも支えられ、毎日、楽しく仕事ができることに感謝したい。ありがとうございました。心より御礼申し上げます。

この新しい流通革命に少しでも貢献したいと思い、リテイルサイエンス社内に、小売業、メーカー、卸、情報システム企業が参加できる「流通革命3・0研究会」を発足させる予定である。興味のある方は、リテイルサイエンスのホームページを参照していただければ、幸いである。

2018年12月吉日

大久保恒夫

著者略歴

大久保　恒夫（おおくぼ・つねお）

1956年生まれ。1979年、早稲田大学法学部卒業後、イトーヨーカ堂入社。藤沢店、茅ケ崎店にてダイニング家庭用品売場、日用雑貨売場チーフ担当後、本部経営政策室経営開発部担当。89年、プライスウォーターハウスコンサルティング株式会社入社。シニアコンサルタントとしてコンサルティング業務を行う。同年、財団法人流通経済研究所入所。研究員としてISM（インストアマーチャンダイジング）を中心とする会員制プロジェクトの研究に携わる。1990年株式会社リテイルサイエンス設立、社長就任。株式会社ドラッグイレブン社長、株式会社成城石井社長、株式会社セブン＆アイ・フードシステムズ社長などを歴任、業績の向上に大きく貢献する。2013年5月、株式会社セブン＆アイ・ホールディングス常務執行役員に就任。現在、株式会社リテイルサイエンス代表取締役社長。インテグラル株式会社顧問、株式会社エムアイフードスタイル取締役、株式会社アデランス特別顧問を務める。著書に、『[新装版]利益を3倍にするたった5つの方法』（ビジネス社）、『実行力１００％の会社をつくる！』（日本経済新聞出版社）、『また一歩、お客さまのニーズに近づく』（かんき出版）、『すべては人なんだ』（商業界）などがある。

リテイルサイエンスHP：http://www.rtsc.co.jp/

AI流通革命3.0

2019年2月1日　第１刷発行

著　者　大久保　恒夫
発行者　唐津　隆
発行所　株式会社ビジネス社
〒162－0805　東京都新宿区矢来町114番地　神楽坂高橋ビル5F
電話　03－5227－1602　FAX 03－5227－1603
URL　http://www.business-sha.co.jp/

カバーデザイン　川島　進
本文組版　茂呂田剛（エムアンドケイ）
編集協力　株式会社プレーンテキスト
営業担当　山口健志　編集担当　山浦秀紀
印刷・製本　モリモト印刷株式会社

ISBN978-4-8284-2072-1